オンライン自宅教室起業バイブル

Start a Side Business Bible

高橋 貴子
Takako Takahashi

産業能率大学出版部

はじめに

コロナが暴いた本質的な心の欲求

✼ 2020年4月　誰も体験したことがない時代へ

「誰も路頭に迷わせない」
と心に決めて、ひたすら毎日情報発信していた2020年3月から3か月。
不安を抱えるクライアントさんのために、少しでも前向きに対策を考えられるように、すぐになんでも質問できるフェイスブックのグループを立ち上げ、とにかく皆さんの不安に寄り添うことを第一に動いていました。

それは、10年前の記憶。東日本大震災でなすすべもなく、誰にも相談できず廃業していった教室の先生のことが心によぎったからでした。今度は先生たちをそんなことにはさせないと心に誓っていたのです。

「世界が変わる瞬間ってこんなに劇的で急なものなのか」ということを改めて実感したのは2020年4月に発令された緊急事態宣言をニュースで見た時でした。

3月からじわじわと増え続ける正体不明のウィルス「新型コロナウィルス感染症COVID―19」。いよいよその拡大を抑えるために発令された緊急事態宣言により、飲食店やサービス業のみならず私のメインのクライアントさんでもある「自宅教室業の先生」にも激震が走りました。

生徒さんからの自発的なキャンセルはもちろんのこと、まだそんなに事態を重く見ていない生徒さんで「レッスンに来たい」と言っている生徒さんにも、先生自身が安全を考えレッスンを中止しました。一気に教室業の「対面レッスン」が凍結したのです。

✲ 教室業の歴史でもあり得なかった異常事態

もとより教室業というのは、お料理やお花、雑貨などについても、「知識・技術」を対面で先生から習うという運営が当たり前でした。逆に「通信講座」などは「遠方で通えない方」や「対面講座の補助的なもの」での活用という位置付けだったのです。

それが、「対面レッスン」ができなくなったことで、**ビジネスモデルが根底から覆される転換期が強制的にやって来ました。**

教室業の先生にとって、**「大激震」**が走るほどの大きなインパクトです。

なぜなら「自宅教室業の先生は8割以上がアナログタイプ」。ネット集客ですら、やっとの思いでどうにか頑張る人が多い中、さらに高度な「オンラインレッスン」への移行せざるを得ない環境にため息をついたり、絶望したりする先生も多数いらっしゃいました。

当時の状況では**「オンラインレッスン」ができなければ、未来がないかもしれない**というぐらいの閉塞感のある環境だったからです。

✻ 〝ピンチはチャンス〟と思えた人だけうまく行った

私自身は、昔から「人と逆を行く」思考でビジネスを立ち上げて、いくつもの事業がうまく行っていた体験を持っていました。

だから、この未曽有の悲観的な状態であっても「むしろ逆にチャンスだ」と確信して、その思考を次々にクライアントさんに伝え続けました。

オンライン通信講座の一番のハードルは実は先生のスキルよりも、それを受講してくださる生徒さんの抵抗感なのです。世の中が外出禁止になったら確実に進むのは「オンラインレッスンへの移行」です。

だから、**コロナ禍で私が「勝機」を見いだしたのは「自宅教室業のオンライン化」**。

あれから1年以上経《た》った今では、「そんなの当たり前」と思われるかもしれません。

しかし、私は、あの緊急事態宣言の発令化で、すでに来たる未来へのビジネスの布石を整えるために徹夜で準備して、たった2週間で新講座を作りリリースしたのです。

その講座が「Zoom オンライン講座構築実践アカデミー」でした。

当時、その可能性を信じて藁《わら》にもすがる思いですぐに受講し、講座の立て直しに成功した先生も続出。この後、売り上げが下がるどころか、むしろ売り上げアップした事例もあります。明暗を分けたのは**「ピンチをチャンス」**と素早く行動できたか否かでした。

✲世の中のオンライン化は新規開業の人にとってもチャンス

コロナ禍が続いて半年ぐらい過ぎたころ、私はある異変に気づきました。

それは、私のメルマガやLINEの読者層の変化です。

もともと、私のメルマガやLINEの読者層は「すでに教室開業をしている先生」のための教室運営のノウハウをお伝えしていました。もちろん、これから開業したいという方も登録しているのは知っていたのですが、おそらくその比率は肌感覚で2割以下だろうと感じていたのです。

ところが、コロナ禍が半年ほど続いたあたりから、LINEのメッセージから「新規開業をしようとしているのですが、何から始めたらいいのかわからないのです」というご質問がポツリポツリと私に直接届くようになりました。

「そうか、このコロナ禍でやはり新規開業したい方は増えているんだ」と実感したのです。私の友人のコンサルタントに聞いてみても、同様な現象が現れていることがわかりました。そう、世の中では、会社員からの独立開業の流れが確実に来ている。

そういう視点から、このコロナ禍の環境を考えてみると、**実は新規で教室開業をしたい人には「大きな追い風」が来ている**ことがよく理解できたのです。

その**一番大きな要因は「オンライン」というキーワード**にほかなりません。

✼40代女性が今、オンラインで開業するべき3つの理由

コロナ禍の中、会社で勤める女性に**「フク業・起業」**をおススメする3つの理由があります。

(1) ノーリスク起業が可能
(2) フク業から始められる

（3）パソコンスキルをそのまま生かせる

以上の3つです。

（1）ノーリスク起業が可能

言葉のとおり、オンラインで起業する分においては、リアルな店舗を持つことと違って極端な話「0円」からでもスタートできるのです。リスクなくチャレンジできるのはオンライン起業ならではの特権です。

（2）フク業から始められる

ここで私が敢えて**「フク業」**という言葉を使うのには意味があります。
この**「フクギョウ」**という言葉には3つの意味があります。

①**副業**・・・正社員のまま、補助的にやりがいと収入を得る生業
②**複業**・・・複数の仕事を同時に行うパラレルキャリア
③**福業**・・・自分が幸せになれる心が満たれる仕事

新時代ではこの3つの「フクギョウ」をライフスタイルに合わせて選択できるのです。

（3）パソコンスキルをそのまま生かせる

会社員をしていた方なら、必要最低限のパソコンスキルがあるはずです。

既存の教室の先生はアナログでパソコン苦手な人が多いという環境があります。だとすると、あなたがこれから不足するであろう「教室業の教えるスキル」を身に着けるための時間と「既存教室の先生がオンラインのスキル」を身に着ける時間が互角になる可能性も出てきます。

だとすると「オンラインの土俵で勝負」するなら今からでも参入のチャンスはあります。

もしも、本当は会社員勤めではなくて「独立して教室運営をしたかった人」には、**コロナ禍により「あなたの夢を叶《かな》える追い風」が来ている**ということなのです。

✼コロナ禍のリーモトワークで見えてしまったもの

それはあなたが置き去りにしまった**人生のテーマである本心の願望**。

通勤時間もなくなって、自宅で考える時間も増えたことで自分の残りの人生を見直すことも増えたことも大きな要因です。

「本当は小さい頃から、お菓子教室をやりたかった」、「モノづくりを一緒に楽しめる雑貨の教室をやりたかった」など、自宅で教室の先生をやってみたかった方には、今こそ、その願いを叶えられるチャンスが訪れているのです。

しかも**「ノーリスク」でできる「オンライン」という手段で叶えられます。**

✲ 夢はあきらめなければ必ず叶う

コロナ禍をピンチと思うのか、チャンスと思うのかであなたの人生は１８０度変わります。１００年に一度あるかどうかの社会の大変換期は同時に個人のライフスタイルや既成概念を大きく変える大チャンスです。

本書は「オンライン」という手段を武器に「教室を開業したい」「教室経営の軸をシフトしたい」方へ向けて書いた【オンライン自宅教室のフク業・起業バイブル】です。

これから教室業を始めたい方はもちろん、すでに教室をオフラインでしか行ってこなかった教室の先生にとっても役に立つ**「オンライン化」のバイブル**です。

この本を手に取ったあなたにとっての**「フクギョウ」**を選び取り、一人でも多くの女性の自立と独立の一助になれば幸いです。

そして、もう1つ私はあなたにお届けしたいエッセンスがあります。

それは**「飛常識マインド」**。こんな未曽有の混乱の時代だからこそ、今までの既成概念は通用しないのです。だとするならば逆に「常識を飛び越えるマインド」を持てば、自由に何でもチャレンジできます。そんな女性をたくさん作って、そこからさらに幸福のご縁を広げていけることが私の何よりの喜びでもあります。その喜びの連鎖を広げるために、本書を活用いただけることを願っています。

2021年9月

高橋　貴子

第5章 オンライン集客 成果が出やすいビデオ会議ツール Zoom

第6章 オンライン集客 成果が出やすい動画配信ツール YouTube

序章

なぜ今オンライン自宅教室開業？
その始め方とは？

1 テレワークが生んだ新しい価値観

２０２０年４月に発令された緊急事態宣言により、今まで当たり前のように動けていた人の流れがピタッと止まりました。あらゆる業種業態すべてがそこにとどまり外に出ることができないといういまだかつて経験したことがない「制約」を全年齢層の方が経験することになったのです。

とりわけ40代女性にスポットを当てた場合、会社員・パートでの勤務がいきなりリモートワークへ切り替わるなどライフスタイルが激変。

当たり前だった通勤時間もなくなり、家にいることで会社との連携が薄くなった半面、自分の時間が増えました。

すると、会社勤めのＯＬさんは、どんなことを考えることになったと思いますか？

そうです、昔から憧れていた**「自分で好きなことを仕事にする、自宅教室開業」**への夢を思い出したのです。今までは、会社の時間拘束や、副業禁止の規定があり、その夢を叶えるためには障害が多かった。

ところが、コロナ禍でこんな風に変わりました。①通勤時間がそのまま「フクギョウ」の時間または勉強する時間に充てられる　②会社も社員を1社だけで抱える体力が厳しく「副業」を容認する方向へ　③オンラインでの起業開業であれば、アナログな教室業界の中でまだチャンスがある。こんな状況を創り出すことができるのです。

✻40代女性の仕事としての教室業の適合性

40代という年齢はライフスタイルから見た場合こんな特徴があります。

①お子様が中学・高校になりつつある頃で、**ご自身の時間も作れる**ようになってきた。

②会社でバリバリ働くのも悪くないが、**家族との時間や自分のプライベートの時間も**もう少し作りたい。

③会社の将来と自分の未来を考えた時に**体力と気力の面で将来に不安**がある。

④昔から思っていた**「好きを仕事にする教室業」**を残りの人生を考えたらやってみたくなった。

⑤**時間の自由とお金を稼ぐ自由を**手に入れて、人生を謳歌《おうか》したい。

というあたりでしょうか？

このような条件に当てはまる人が、教室事業を考えるケースが多い印象です。
では、なぜ**40代の人に私がオンライン教室起業をおススメするのか**というと
それは、**体力気力として踏ん張りがきく人生の1つのピークだから**です。
40代は新しいことを始める&人生ももう一度新しく方向転換するうえでも良い時期だと思うのです。実際に私の所にいらっしゃる方も40代から50代の方が多いです。

特に会社勤めが長かった方は、「ビジネス的な思考」をお持ちの方が多いので、「趣味的な思考」を持っている教室業界では、今から参入したとしてもチャンスがあります。
だから、人生のチャレンジをするうえで気力体力から考えても、40代がとても良い時期だと思うのが1つ。さらに言うと、時間のコントロールがうまくできれば、会社員やパート時代よりも時間が増えて、かつ、自宅での家族の時間も増やすこともできます。

そして最後に収入です。

サービスが全国的に広がれば、**会社員の5倍以上の収入を手にすることも可能**です。私も収入は会社員時代の5倍の収入と時間の自由、私のクライアントさんもパート時代の10倍の収入を得ている方もいらっしゃいます。

以上のことから、40代という年齢から考えても**「オンライン自宅教室開業」というのはチャレンジする価値のある1つの選択肢**であると言えるのです。

2 今までとこれからの教室開業の準備の違い

今回のこの話をするうえで1つ前提条件をお伝えしたいと思います。

それは、**「今まで」**＝**「コロナ禍前」**、**「これから」**＝**「コロナ禍以降」**という時間軸に分けてのお話であるということです。時間軸を切り分けることで「オンライン起業」の特徴と準備が変わるため、その観点からお伝えしたいと思います。

✲コロナ禍以前の教室開業

コロナ感染で密を避けなくてはならなくなる前は、**教室業のスタンダードは「対面接客」**での教室運営。よって新規で開業したい方は当たり前のように、自宅リビングを教室ができるように改装や、テーブルやキッチンの設備などを教室用に購入して、「自宅教室用」に整えて生徒さんをお迎えする準備が必要でした。

対面レッスンを前提として新規開業する場合には、何よりも先に考えなくてはならないものは**「場所」の確保と受け入れる設備の準備**でした。
場所を整えるためにはそこまで資金はかからないかもしれませんが、テーブルや必要機材、設備関連はそれなりに**開業準備資金が必要**になります。

✼コロナ禍以降の教室開業

コロナ禍により、密を避けるという観点から、「対面レッスン自粛」そして、**「オンラインレッスン」が台頭**し、教室に通いたい生徒さんにも新常識として浸透する時代に入りました。

ここで、**苦戦を強いられたのは、「老舗教室」**です。

開業から10年以上、リピートの生徒さんと紹介に支えられてレッスンを行ってきたアナログタイプの先生たちです。

もともと教室業は、地元密着&口コミなどで広がりながら生徒さんが自然と増えていく図式で長年運営されてきました。教室業は「やりたいことの自己実現」「好きを仕事にする」という時代の先端にあって、その時期に開業した先生は**ほとんど宣伝らしい宣伝を駆使することもなく比較的順調に集客することが可能だった**のです。

インターネットで見ず知らずの人を集客するという考えも、自宅に人を招き入れるという観点から敬遠されていました。

結果、**老舗の先生は「アナログ集客」のみでほとんど集客が成り立っていた**のです。

だから「ネット集客」などを覚える必然性に駆られることもなく、日々が過ぎていきました。

そこへ来ての「コロナショック」です。

もともとオンラインレッスンも遠方の方に教えるなど、パソコンを使うことにそれほど躊躇《ちゅうちょ》がなかった先生は比較的スムーズに「オンライン化」ができましたが、ネットやパソコンに不慣れなベテラン先生がコロナでは一番苦戦していたように思います。

そんな方が**選択できる道は2択**です。

そのままいつか**コロナの収束に期待して待ち続ける**のか、**新しい世界への適応を目指してオンライン化を本気で行うか**。前者を選んだ先生で持ちこたえる体力がなかった方は、この時廃業を選んだ方もいらっしゃいました。

✲ 新時代の教室開業の準備とは

まず**新時代での教室開業は「オンライン講座」が主戦場**となります。

対面レッスンもコロナが落ち着いてくれば、また人も動き始めて実際にリアルの教室に通い始めることも期待できます。

ただし、教室業界全体を見ても、今の時代は需要と供給のバランスが崩れ始めています。

つまり、**「習いたい人」と「教えたい人」のバランスが悪い**のです。10年前に比べて教室数が増えてしまったことでどの教室にいくのか、という選択肢が生徒さん側に増えた分、先生の教室が選ばれる確率が減った、というのが業界全体の流れです。

この状況を踏まえると、技術があり、すでに生徒さんを保有していて、経験値もある先生と同じ土俵で戦うには新規開業者には不利です。

ただ、「オンライン」という場所なら、まだこれから新規で開業する人でも、老舗の先生よりも広く認知されて、全国から生徒さんを集めることができる可能性が高いのです。

だから**今から「フク業」として新規教室開業したいなら「オンラインでの開業」は必然の流れであり、必須の項目**となります。

3　ＯＬ転職からスタートするための3つの心構え

実は**私自身もＯＬから独立して教室開業を果たした一人**です。
その時に経験した**「マインド的な」要素**をあなたにお伝えしたいと思います。
正社員として、ある程度の収入を得ていた方には特に必要な思考だと感じています。
私が会社をスッパリやめて、教室業一本で稼働させようとした時に以下の3つのことを自分で決めました。

✲ 私が開業時に決めた3つの心構え

① **退路を断つ。**教室と会社の両方に軸足を置くとどちらも中途半端になる。
② **会社員時代のリズムを崩さない。**週5日、月22日稼働をイメージした働き方を考える。
③ **開業1年目は、休みがないのは当たり前ぐらいの気持ち**で取り組む。

こうやってみると、なかなかしんどいなぁと感じた方も多いかと思います。

こちらのマインドはどちらかというと、「開業初年度から実働15日から22日をしっかり回せるように集客したい方」向けです。私がお伝えするのは、初年度目標月商30万円から50万円を目指したい人向けのマインドになります。

まずはこれを踏まえたうえで、**「オンラインフク業（副業・複業・福業）」**を目指したい方にお伝えしたいのは、もう少しゆるやかに「開業」することが可能な時代になったということです。

✻「オンラインフク業」で開業したい方へ　伝えたい3つの心構え

今回、新時代のフク業で開業したい方におすすめしたいマインドは以下の3つです。

① 収入源を確保したうえで、神経をすり減らすことなく**小さなチャレンジから始める。**
② **初期投資の金額はなるべく抑える。**
③ **やりたかったことや楽しさを優先してもよい**、収入が元の職業の収入に近づいたら教室業を本業にしてもよい。

という点です。

あくまでも「オンライン起業」の最大の魅力は**「ノーリスク（ローリスク）」**です。

風の時代※にふさわしく立ち位置も軽やかに変化させて、動いていける時代の働き方です。

※「風の時代」とは・・・西洋占星術で定められている時代の呼び名。2020年12月22日を境に「地の時代」から「風の時代」にシフト。「地の時代」が物質や所有がキーワードだったのに対して「風の時代」は目に見えない情報や知識、教育などが重視され、「物質の所有」よりも「情報の共有」へ人々の感性が移行したのがポイント

今までの開業は「場所」を確保してからの開業が当たり前でした。ところが新時代のオンライン開業では、場所もオンライン上で展開できるため、起業準備もパソコンやWEBカメラがあれば、明日にでも開業ができてしまう手軽さです。知識や経験を販売するうえで、まさに千載一遇の大チャンスの時代がやってきたとも言えるのではないでしょうか？

しかし、今度は、物質的な「場所」の確保がなくなった代わりに「情報」を上手に活用できないと集客もできません。

新時代では、**知識をきちんと情報処理をして加工できる能力が必要**になってきたのです。

4 オンライン起業に必要な5つの準備

✲「オンライン起業」で必要なハード面・ソフト面の準備とは

オンライン起業において、**ハード面で必要なものは以下の3つ**です。

① Zoomなどのオンライン配信に必要最適なスペックの**パソコン**

※料理教室などの場合はキッチンで開催もあるためノートパソコンの方が良い

② 好印象を与える映りが良い**WEBカメラ**・一眼レフ・ビデオカメラ

※どの程度のスペック・何台カメラが必要かは、開催する講座の種類による。
私が使っているWEBカメラは画像解像度HD・フルHDの物。

③ オンライン配信（Zoomセミナー・YouTubeライブセミナーなど）に必要な**ネット回線の速度が出るWi-Fi回線契約**

上記ハード面を操作するための**スキル（ソフト面）としては以下の2つ**です。

④ Zoomなどの各種**オンライン配信アプリケーションの操作のスキル**

⑤　受講者のオンラインでの受講環境を踏まえて、**パソコン**（Windows/Mac）**＆スマホ**（Android/i-phone）**の基本操作**

あたりが必要になると思います。

もちろん、どんな講座をするのか、参加者さんのレベルによっては、5つの準備がなくても開講できる場合もあります。しかし、私が実際に開講していて受講者様からの質問を受けたりして、スムーズにセミナー等を進行する際に上記ハードとソフトは必要だと感じたのでお伝えさせていただきました。

オンライン起業の場合は、実店舗を構える初期投資がかからないのは大きな魅力ですが、たとえ「ラク業」であっても、お仕事として考えるのであればやはり**最低限の準備は必要**になると思っていて下さい。

✻ みなさんが見落としがちなとても大切な準備とは？

そして、最後にもう1つ、上記の中には入らない項目なのですが、**開業時に一番大切な準備**についてお伝えします。

開業時に絶対必要なもの。それは「お客様」です。

「え？　当たり前じゃない？」と思った方も多いかもしれません。しかし、少し考えてみて欲しいのですが、開業時にすでに「お客様＝固定ファン」がついていたとしたらいかがでしょうか？　そう、**開業当初から満席でスタートすることも可能**なのです。

ガチガチにハード面の準備から始める方も多いのですが、**私のおススメは、「ファンづくりも同時に行うこと」です。というより、むしろこちらのほうが大事**です。

私が実際に開業時95％以上の定員を集めてスタートしている経験からお伝えしています。私は会社員時代に身分を明かせない状態でありながらも、開業する8か月前からブログを毎日書いて発信して、読者を６００名ほど集めていました。その読者に対して、いよいよ教室オープンの2か月前に講座の内容を発表したのです。信頼は数か月かけて構築していたので、本講座6か月のコースもすぐに埋まりました。

開業時に生徒さんがいるなら、すぐに収益化もできますし、手元にお金がある状態からスタートできるという点で心の安定も保てます。

だから、実は**開業時、最初に必要なのは「機材の準備」よりも「ファンづくり」**なのではないかと、個人的には思っているぐらいです。

5

家庭と教室業の両立のために クリアしておきたい3つのポイント

オンライン教室業のためのクリアしたい**家族との調整**は

① 開催**場所・時間**の調整

② **収益の使い道と家計への貢献度**

③ 旦那様、お子様の**仕事への理解協力**

以上の3点です。

（1）開催場所・時間の調整

自宅教室はその名の通り「自宅」で行うことがほとんどです。

対面レッスンを自宅で開催する場合においては、自宅リビングがレッスン会場になるため、家族に他人が家に入ってくることの許可、レッスン中にはリビングでの出入りの配慮など、仕事と家庭のゾーニングのルール決めが必要でした。

では、オンライン起業ではどうでしょうか？

確かに、リアルでのレッスン開催よりは家族の理解は得やすいと思います。しかし、実際に行ってみると、料理教室などはどうしても、キッチンやリビングでのレッスンが増えます。リビングでレッスンをするなら、やはり家族との取り決めが必要になります。たとえオンラインであっても、**「開催場所」についての自宅内での家族間調整が必要**になるということを理解したほうがいいと思います。

(2) 収益の使い道と家計への貢献度

自宅教室を始める環境はそれぞれ異なると思います。「好きなことをやりたかった」という「趣味的なフク業」として、家族にも認められて協力してもらえる体制なら、仮に経営がうまくいかなくて赤字でもそんなに問題はありません。

しかし、その収益が家計へ貢献するから、家を貸すことを協力してくれている家庭環境なら「フク業」と言えどもしっかり稼ぐ必要が出てくるかもしれません。

そのあたりのスタンスを最初に決めておいたほうが、稼げても稼げなくても家庭内での変なストレスやトラブルにならないと思います。

意外かもしれませんが、奥様の事業が想定よりもうまくいってしまったことで旦那様が拗《す》ねてしまい、逆に家庭不和の種になったなどという笑えない話もあります。

いずれにせよ、**家庭内で働き方のスタンスをお互いに了解しておくほうが良い**と思います。

（3）旦那様、お子様の仕事への理解協力

こちらはお金というより、「実務上」の協力体制です。

旦那様もお子様もいないと確定している日中の「フク業」は問題ないと思いますが、週末起業の場合、家族との時間の割合をどのようにするかを最初から話し合っておくほうがベターです。稼いだお金をご自身の趣味や好きな物を買うためだけにオンライン教室をやるなら、家族の不満が高まることもあります。

ですので、こちらもあらかじめ、**どのような協力が必要か、想定されることをご家族と打ち合わせしておくほうがよい**です。

6

40代女性の自宅教室開業から始める人生設計、堅実な資金計画

2020年に突如全世界を襲ったコロナ禍のような出来事が今後も起こりえないとも言えません。そんな時に、考えておきたいのが**「複数の収入源の確保」**です。

40代からシニア世代までの人生設計を見越した時に、仮に「フク業」からのスタートであったとしても、**複数の仕事を経験しておく大切さについて解説**したいと思います。

✽旦那様の定年後の起業は、思っているより難しい理由

40代の女性が昔から憧れていた「自宅教室開業」をたとえオンラインだったとしても始めようとするのはそこまで難しいことではありません。

一番の理由は、「家計を経済的に支える責任の重さ」の違いです。

例外（シングルマザーや旦那様よりも高収入を得ている奥様）を除けば、通常は一家の家計はご主人が支えていることが多いです。

それゆえ、男性が転職を躊躇したり、副業などを同時並行で行うことができにくい思考になってしまうのも、日本古来の慣習から来るものなので仕方ない部分もあります。

もちろん、イマドキの若い男性などは、共働きを普通に思っている傾向があり、働くママにとって、家事も育児も行うパパが増えているのは喜ばしいことです。

しかしながら40代の奥様の旦那様はどちらかというと、自分が稼いで家計を支える思考で働いてきた方が多いので、転職に懐疑的、複数の仕事を同時に回すことが苦手な方が多いようです。

女性脳は「マルチタスク」が得意なのですが、**男性脳の特徴である「シングルタスク」が得意**、という点から考えても同時に違うことを行うのは難しいと感じています。

そんな旦那様がなんとか最後まで社員として勤め上げた後、起業をすることを決意した時に、それがどれぐらいハードルが高いことなのかを理解してほしいのです。

第一に体力の問題、第二に会社員時代は、経営者の脳を育てる場所ではないので、ゼロからイチを生み出す「起業マインド」にシフトするのが簡単ではない、という点が挙げられます。

再就職が決まりにくい、役職が高く退職した場合、プライドが邪魔して若い人に素直に起業のノウハウを習うこともできないとなると、ますます起業の成功から遠ざかってしまいます。そうなると**定年退職後の旦那様の収入はあてにしにくい**のです。

奥様が「フク業」を行う場合の家計のメリット

旦那様が定年退職した後に、いきなり稼ぐのが厳しいとなると、2人の生活において家計の担い手は奥様にシフトします。現在の日本の制度では年金はほとんど期待できません。だとすると**「自力で稼ぐ力＝仕事を生み出す力」**があれば、老後も年金だけに頼らず必要なお金を自ら稼いで老後の生活を豊かにすることだってできるのです。

旦那様が時間に拘束されて身動きが取れない状態よりは、奥様のほうが新しいことにチャレンジをしたり、学ぶ時間を生み出す余力があるケースが多いです。

その時間をご自身の自己実現である「フク業」からスタートして、じっくりスキルを磨けば例えば3年後、5年後にはきちんとした生計を成り立たせる本業にすることだって可能です。

また、40代という年齢は、必ずしも結婚している方ばかりでもなく、多様化したライフスタイルでは「独身」・「シングルマザー」の方もいらっしゃると思います。

そのようなライフスタイルを過ごしている方でも、**「収入が途絶えるリスクの分散化」**

をしたほうがいいと思います。

1つの職業だけで生きていく時代は緩やかに**「複数の肩書と仕事を持つ時代」**へシフトしてきています。新しい時代では、おそらく複数の仕事をしていくのも当たり前になり、会社も自社のみでは給料を払いきれないと思えば、副業もさらに容認するのがスタンダードになってくるでしょう。

ちなみに私も独立開業後、5つほど事業を回した経験がありますが、これも時代の流れを読みながら増収増益を目指してリスクを分散するため、そのような形をとりました。

このような現代において、私が40代女性におススメしたい仕事のやり方は**「フク業」からのスタート**です。

まずはリスクが低い「フク業」からスタートして、〝その仕事が気に入ればメインの仕事にしたらいい〟くらいの柔軟性を持って軽やかに取り組む方が今の時代の空気感に合っているような気がします。

第1章

オンライン時代に選ばれる教室づくりのコツ

1 コンセプトはオフラインよりもシビアに判断される

あなたは**「コンセプト」**という言葉を聞いたことはありますか?

一般的には、コンセプトとは「『概念』や『観念』のことを表し、全体を通して一貫した基本的構想という意味」で使うことが多いです。

ただし、本書では自宅教室業の先生のためのコンセプトをこのように定義したいと思います。

【コンセプトとは、あなたの教室が「誰のため」に「何を提供できるのか」がわかりやすく表現されたもの】

そして、今回お伝えするのは従来の「対面(オフライン)型がメインの教室運営のコンセプト設計」と「新時代のオンライン教室型のコンセプト設計」の違いをお伝えします。

さらに、コンセプト設計がなぜオフライン型のコンセプトよりもシビアに判断されるのかという点も併せてお伝えしたいと思います。

✳オフライン型とオンライン型のコンセプト設計の違いとは

まず、基本的に「コンセプト」を作るという作業そのものについては、オフラインもオンラインも大差はありません。教室運営には、必ず**わかりやすい「コンセプト」**が必要で、それを未来の生徒さんに正しく伝えることで**「集客ができる」**、という点は変わりありません。

では、なぜオンラインのコンセプトのほうがシビアに判断されるのか?

それは、**オンラインのほうがより、「生徒さんが自分の未来の姿を想像しにくいから」**なのです。

✳オンラインの教室はオンラインで探されることがポイントになる

では、具体的にお伝えしましょう。

オフラインの教室のレッスンの魅力は文章で伝えることと、同時に「楽しそうに談笑している先生と生徒さんの姿」を写真や動画で伝えることが簡単であることです。

そのままのリアルな姿を伝えれば、たとえ「文章力」が今ひとつだったとしても、写真や動画でその不足する情報を補完することができます。

ところが、オンラインレッスンの場合、一緒に画面に映るのは画面越しの生徒さんとの記念写真になるので、オフラインの時よりも情報伝達のインパクトが弱いのです。

例えば、「丁寧親切な指導で初心者にもわかりやすく教えます」といった、抽象的で曖昧な表現をしていたとしても、先生と生徒さんが和気藹々《あいあい》とレッスンをしているシーンの画像あれば、生徒さんのおおよその年齢層、先生との距離感がひと目で伝わります。

ところがオンラインでは、そういう画像のインパクトはありません。抽象的で曖昧な表現を中心にコンセプトを作ってしまうと、ネット検索で一覧に並んで検索をした時に「どの教室に行こうかな?」とオンラインで選んでいるお客様の選択肢から漏れてしまう可能性が多いのです。

✲オンラインの教室のコンセプトはよりニッチで尖《とが》ったもので良い

「オンラインの教室はオンラインで探される」という前提から考えると、より**「お客様の目にとまりやすく、自分のためのレッスンだ!」と一瞬で理解できるコンセプトのほうが有利**なのです。

だから、**オンラインレッスンは、よりニッチに、そして絞った人が反応できるような企画（＝コンセプト設計）を立てることが重要**です。

「より細かく絞る」というお話をすると必ずこんなご質問をいただきます。
「絞ったら生徒さんが減りませんか？」と。

大丈夫です。なぜなら、対面オフラインの時は主に、「教室に実際に通える距離」の方だけが対象でした。ところが、オンラインの場合には、日本全国のみならず、世界からでも参加できるのが魅力です。もともとの対象の範囲が広がっているのです。
だから逆に情報の洪水の中で自分の教室を探してもらうには、対面レッスンの時よりも尖った内容でかつ、わかりやすくその価値が伝わるレッスンの方が探されやすいということです。

例えば、こんな説明文があったとします。
(a)「上級者の方のためディプロマ付きオンラインお菓子レッスン」
(b)「デコレーションが苦手なお菓子の先生のためのスキルアップ講座。お店販売レベルのデコレーションスキルを最短3日間で12レシピマスターできる商用利用可の特別速習オンラインお菓子レッスン」

この文章を比べても(a)よりも(b)の方が伝わりやすいです。

ちなみに、この(a)と(b)は全く同じレッスン内容だったとしたらいかがでしょう?

オンラインでは「よりニッチ」に「わかりやすく」伝えるほうが対象の方が反応しやすいです。

ちなみに(b)を見た時に「教室の先生」と書いてあっても、「デコレーションが苦手で一刻も早くスキルをマスターしたい人」も反応して、お問い合わせが来る可能性が高いです。

(a)の表記だと、どのような自分になれるのかが想像しにくいので、ネット検索の海の中では埋もれてしまって注目されない可能性が高くなります。

だから、オンラインのコンセプトは、ぼんやりと抽象的に作って発信してしまうとオフラインのレッスンよりも反応率が下がるため、より**「尖った内容」**でかつ**「ある一定数の需要があるレッスン」をきちんと調査して企画を作る必要がある**のです。

2 コンセプト作り　3つの秘訣

前述で「オンラインレッスン」ではより「コンセプトの設計」が大切であるとお伝えしました。では具体的に**「コンセプト」を作るための3つの秘訣《ひけつ》を**お伝えします。

コンセプトの設計には以下の3つの要素が必要になります。

① お客様の**ライフスタイル**を想像して、人物像を確定する

② **自分の強みスキルの発掘と掛け合わせ**をする

③ 社会情勢・**トレンドを考慮**する

以下、各項目についてポイントをお伝えしたいと思います。

✼ ①お客様のライフスタイルを想像して、人物像を確定する

ある特定のお客様像を確定する時によく使うのが**「ペルソナシート」**というものです。

こちらの項目や内容は業種業態によって異なる部分もありますが、ペルソナシートの概

要についてお伝えしたいと思います。【図表1】

こちらを記入していくうちに、あなたが呼びたいと思うお客様像が明確になっていくと思います。

このシートの記載のポイントは、単なる年齢・職業といった人物像を想像するだけではなく**「そのペルソナさん（特定の個人）のライフスタイル」を想像すること**です。

この作業によって、より具体的に提供するべきレッスンの輪郭がはっきりしていきます。

新規のクライアントさんからいろいろと相談をお受けしていて、いつも感じることがあります。それは、「来て欲しいお客様のことをあまり考えていないのに、開催したいレッスン内容が決まっていること」。

これは、**本来は順序が逆**なのです。

レッスン内容が決まっていると、その内容を喜ぶ方を集客しなくてはならないので、レッスンと相性が合う方を探すほうが大変です。

ですから、この順番で教室業をスタートさせた方は**大抵集客の部分で苦労する方が多い**のです。**「人を決めて、その人（ライフスタイル）に合わせてレッスンを提案する」**ほうが、はるかに成約率が高くなりますので**「人物像」から確定**していくことをお勧めします。

図表1

● ペルソナシート

名前	田中裕子さん	ビジュアルイメージ
性別	女性	
年齢	43歳	
職業	歯科助手	
収入	年収450万円	
起床・就寝	06：00 / 0：30	
居住地	東京都世田谷区	
趣味	旅行やヨガ、マクロビ教室、写真	
家族構成	夫45歳娘1息子1(娘はピアノを習っている小学6年生、息子は野球を習っている小学3年生)	
休日の過ごし方	ヨガや、マクロビ教室に行ったり、子供の習い事付き添いなどをして過ごしている。旅行地では、写真を撮る	
好きな雑誌やメディア	女性ファッション誌や雑貨、インテリア雑誌	
担当している主な業務	日中は歯科医院で働き、比較的残業もない職場。基本水日は休みの設定だが、急な業務が入ったりすることもある。	
悩んでいること	キャリアには満足しているが忙しくて自分の時間が確保できないことが悩み。体に良いことは運動も食事も取り入れたい。旅も好きなので、食べることも好き。色々な教室に通い料理も色々なジャンルを習いたいが、時間が足りない。もっと	
チャレンジしていること	心身のケアに関するスキルや趣味について勉強している。例えばヨガや健康料理。	
検索（連想）しているキーワード	お手軽レシピ、料理本、マインドフルネス、パワースポット、オーガニック、家事 時短、エステ、など	

✲②自分の強みスキルの発掘とレッスン内容と掛け合わせをする

①のワークでは、未来の生徒像を把握していただきました。そしてご自身の強みの発掘も行います。【図表2】

こちらのワークは、**「ご自身でも気づいていない**、実はそのままお仕事に掛け合わせると**強みになる特徴**」を発掘することができます。

このスキルの発掘はご自身の経歴の棚卸しも、もちろんですが、思ってても見なかったスキルが「理想のお客様」にとって、実はとても喜ばれる内容であることもあります。

この作業をするかしないかで、講座の構築に深みが出てきますのでぜひ一度やってみてください。今の時代は、単に「何かを習う」だけでは満足しにくい時代になりました。

教室業そのものの価値がエンターテイメント化してきているように感じています。

プラスアルファの「体験」が普通に求められる時代の変化に合わせて、教室業のレッスンのオファーも変化させなくてはなりません。その1つのヒントに**「ご自身の価値の再発掘」をご活用ください。**

図表2

●自己分析魅力発掘質問集

①過去の経験（「してきたこと」と「できること」）の棚卸

★プライベート編

小学校	
中学校	
高校	
大学	

★仕事編

社会人（職業別に棚卸　1社のみの場合には3年ごとの区切りで記載）
実績・スキル・失敗談・成功談に分けて考える

※記入のヒント
プライベートのコトなので、例えば「放送部員だったので声が聞き取りやすい声で話せるし、音声だけのメディアの出演は得意」など過去の自分を振り返って書いてみましょう。

②ノウハウや技術の棚卸

仕事で経験した「ノウハウ」や「技術」の棚卸をする
・ノウハウ　　・技術

③お客様視点から見る役に立つスキル

②で棚卸のスキルを「誰」に向けて役立てることができるか？という誰という人物像を特定する

※お金を払う顧客の心理は「痛みからの解放」または「輝く未来への欲を満たす」ことで成立しています。あなたのスキルが上記2点から検討すると違った優位性が見えてくるかもしれません。

④現在の業界内での立ち位置を考える

現在のポジションの変更して、新しい立ち位置を作ることでも構いません。

⑤あなただけの魅力

上記③と④を掛け合わせた所に、他の人には負けない「あなただけの魅力」を掛け合わせると強力な核（コンセプト）ができる

❋③社会情勢・トレンドを考慮する

旧体制でも、社会情勢やトレンドはそれなりには大切ではありましたが、「オンライン化」により、その思想はより考慮されるべき内容として注目されています。

「オンライン化」により、消費者は情報の取得が容易になり、簡単に比較もできるようになりました。もちろん、比較サイトの存在も大きなものだったと思います。この**情報拡散スピードが上がることで、作った講座の陳腐化、劣化がオフラインだった時代よりも早く進み**ます。

よって、講座の寿命も対面時に作っていたものよりも、改定のスピードが速くなる傾向に進んでいます。例えば、1年講座が主流だった教室も6か月へ、6か月講座が主流だった教室も3か月へなど、「短期・かんたん・手軽」が好まれる傾向にシフトしています。

よって、飽きられやすい時代に1つ意識したいのが**「時代のトレンド」**なのです。

これは、早すぎても、遅すぎてもダメで、少しだけ新しさが見えるぐらいでちょうどいい。そのさじ加減が「オンラインレッスン」を構築する時には、以前より少し難易度が上がっているかなと思う点です。

3 オンラインとオフラインの集客方法の違いを知る

私は10年前から、自分自身のパン教室集客には、WEB オンライン集客を活用していたので、WEB 集客により全国から横浜の自宅教室に生徒さんを集めていました。

いわゆるアナログ集客と言われる、「チラシ配布、雑誌広告、地域公民館・スーパーでの張り紙」などでは集客していませんでした。

なぜなら、**ネット集客のほうが圧倒的に効率的**だったからです。

ただし、教室業というものは、もともと「対面レッスン」から始まっているものも多く、そうなると、上記のようなアナログ集客で地元での集客も効果が出るケースもあります。

しかし、「オンライン集客」においては主戦場が「オンライン上」になるため、どうしても、SNS や HP の集客も WEB 上の集客を意識して行わなくてはなりません。

✲ オンライン集客において考えて欲しい2つのポイント

さて、あなたは**オンライン集客において**は、特に何を中心に考えなくてはならないと思いますか？　デジタル2次元の世界であなたの教室とあなた自身を知ってもらい、**成約するためには何が大切だと思いますか？**

答えは、2つです。

1つ目は、あなた自身の認知度。2つ目は、あなたへの信頼度です。

まず1つ目、認知度はそもそもオンラインでは、あなたが露出していなければ「検索されることもない」ということになるので、開業当初はある程度高頻度でSNSなどでも露出しないと認知されません。ただしその投稿はやみくもに行っても成果が出ません。

どうしても必要になるのは、「コンセプト」です。このコンセプトに沿ってある程度、**高い頻度で露出発信する**ことで本当にそのサービスを必要としているお客様に届きやすくなります。

そして2つ目、運良く相性の良いお客様があなたの教室の記事を見つけたとしても「信頼」がなければ「成約」しません。ということは、WEB上では特にこの**「信頼構築」**を**肝としてご自身の教室及びパーソナリティーの情報開示が必要**になります。

オンラインレッスンを行う以前の集客の段階ではこの2つはどうしても意識しなくてはいけない重要項目になります。

4 教室ブランディングの作り方

オンライン教室を立ち上げたいと思ったら、同時に意識して欲しいのが**「教室のブランディング」**です。対面レッスンの時代よりも、かんたんに教室の特徴もWEBで比較できてしまうからこそ、目にとまる「キラリと光る個性」がより大切になってきました。

この**「キラリと光る個性」**が**「教室ブランディング」**に**直結**します。

✲ブランディングという言葉の意味と教室ブランディング

少し硬い言葉で「ブランディング」を説明すると、「ブランドとは企業が所有する財産でありながらも、実質的には消費者が各々の中に蓄積するイメージによって保たれている。よって、ブランディングとは、企業の商品が作り出すブランド要素による価値やイメージを消費者の中で育成していく行動である」と定義できます。

では次に、教室ブランディングに置き換えて、わかりやすく説明します。

教室ブランディングは、教室の先生が教室のサービスや価値を来ていただきたいと感じている**未来の生徒さんに対して、「イメージを統一して」伝え続けること**、だと私は思います。

そのためにまず行わなくてはならないのが、発信者であるあなたが**「教室のイメージをどのように創り伝えていくか」**ということです。

ただし、その時には、伝えるべき生徒さんの存在を必ず考慮しなくてはなりません。

例えば、WEBサイト1つとっても、50代の女性が好ましいと感じるものと30代の女性が好ましいと感じるものは、異なります。

文章・写真、カラーなど、すべての目に見える「ビジュアル的な要素」を対象者に合わせて整えることで、より正確にあなたの教室の個性が伝わるようになり、結果としてあなたの教室個性がブランディングされていくようになります。

これをしっかり作り上げるには、一貫性のあるデザインと発信が必要で、オンライン上ではより作り手である先生が意識しながらリードしていく必要があるのです。

一貫性のある発信と理解されやすい3要素は以下の3つです。

①文章（あたらしい言い回し）

②写真（個性の方向性と雰囲気が整ったもの）

③トータルデザイン（色彩を含めた文章と写真のバランスが整ったデザイン）

この3点を意識しながらイメージに破綻のないように発信していくのも、選ばれやすい魅力ある教室づくりのポイントです。

タカハシタカコ流7：3の法則

人によってジンクスとか成功法則とか色々とあると思います。

私の場合は、「7：3の法則」が色々とうまくいくケースが多いと実感しているので、その法則のコツをお伝えしてみたいと思います。

私にとって7：3というのは、「どこに比重を置くのか」というポイントを示しています。
例えば、ビジネスの場合だと、「既存顧客と新規顧客の割合」を7：3になるように意識しながら集客活動をしています。

教室業に例えると、長年通ってくださっている生徒さんが既存顧客ですね。

そして、みなさんが「集客」を頑張る領域は主に「新規の生徒さんの獲得」のためですよね？

ところが、教室の経験年数が長い先生だと、この割合が「既存顧客10割」に近い方もいらっしゃいます。

それだけ生徒さんに支持されているという点では素晴らしいことなのですが、リピーターの方のみで人員構成されていると、ゆっくりと教室自体の成長が止まっていることにも気づかず、衰退しているケースも多いのです。

やはり常に教室もフレッシュな状態を保ち続けるなら、「新規顧客」も一定数入れ続けるほうが教室運営としても健全だと思います。だからといって「新規客」のみを追いかけ続けるのも、時間がいくらあっても足りないのでお勧めできません。

そのため、私が推奨しているのは既存と新規の割合を、「7：3」になるように意識して集客活動、リピーターメンテナンスを行うことです。

私自身、パン教室を運営していた時も、今現在、コンサルタント業を行っている時でも意識していることなのです。

この割合のポイントは、「7割がうまくいっていれば3割に何かあったとしてもビジネスそのものがストップする確率が減る」という点で、安心できる数字ということです。

また同様に、私は「個人と法人の事業構成割合」も7：3を意識しています。

教室業は、先生ご自身が個人事業主である場合が多いことと、お客様が一般の主婦の方やお勤めの方が多いので、いわゆる「B to C」（企業がモノやサービスを直接個人（一般消費者）に提供するビジネスモデル）というモデルになります。

よって、教室の先生は、個人相手の売上が10割になる方も多いです。

しかし、時には自分の露出を増やしたり、信用を増やす、という点で「法人企業」とのお仕事を行うケースも多いですね。同じ先生でも「法人企業としっかりお仕事できている先生」というのは個人の方から見ても印象がいいです。

だとすると、「信頼される法人の仕事だけでもいいのでは？」と思われるかもしれませんが、時代の景気・不景気の大きな煽《あお》りを受けにくいのが「個人消費」なのです。法人だけ10割で仕事をしていると、不景気になった途端に仕事の発注がピタリと止まるというのはよくある話です。それぐらい法人は「利益を残すこと&経費を削減すること」にシビアなので、法人だけで売り上げ構成を作っているとその煽りをまともに受けてしまいます。

だから、核になる部分7割は個人へのサービス提供、認知度アップと高単価なお仕事受注3割は法人企業とのお仕事だとバランスよく回ります。

私の知人でカウンセラーをやっている方がいらっしゃるのですが、その方は、法人も個人もバランス良くサービス提供をしていたので、不景気で法人の研修などの仕事がピタッと止まった時でもダメージが最小限に抑えられていました。

つまり私にとっての「7：3」の法則は、「軸が多少のダメージがあっても回り続けることができる割合」とも言い換えることができます。

この考え方を持つと、ビジネスだけではなくプライベートでも応用ができます。

例えば、「私を好きな人7割：嫌いな人3割」以内なら、体制に問題ないということです。

もちろん、嫌われないに越したことはないかもしれませんが、「自分を好きな人だけ」を求めて人付き合いを「好かれる人10割」にしようとするがゆえに、ストレスを感じたり、辛い思いをしている方が多いように感じています。

まず、「主軸になる7割」をどこにおくのか、自分の心がはっきり決まれば、後の3割をそこまで気にする必要がなくなります。

この「7：3」の法則は個人的に絶妙なバランスだなと感じている割合なのです。

第2章

オンライン時代の戦略的な WEB 集客ノウハウ

1 教室業のWEB集客の考え方

今、本書を読んでくださっているあなたは、「まさに今からフク業として教室業を始めたい方」かもしれないし、「すでに教室業をしていてオンライン運営のノウハウを勉強したい先生」かもしれません。

いずれにせよ、**「オンライン」で教室運営を**していきたいと思うなら、**必須のスキルになるのがWEB集客の基本的な考え方を知ること**です。この考え方を最初に知るかどうかでその後の成果が天と地ほどに変わります。

ですから、まずしっかり基本を押さえて全体を把握してから具体的な集客活動に取り組む準備をしていただければと思います。

✲ 集客といったらSNS発信を頑張ることだと思っていませんか？

私のところに訪れる方の一番のお悩みは**「集客は何から始めていいのかわからない」**で

す。中には、あらゆるSNS集客を試したけれど、何をやっても人が来ないという疲弊した状態で私の目の前に現れる方もいらっしゃいます。

先に結論をお伝えします。

【コンセプトに沿った全体設計をしたうえでSNSツールを使わない限り効果が出ない】

ということです。

つまり、「集客できるコンセプト」を作ったうえで「お客様の属性」を把握して、「そのお客様がいる場所（SNS）で適切な量で露出すること」が必要になります。

ですから、最初に「コンセプト」をしっかり作らないとその先をいくら積み上げても、効果が出にくいのです。

もちろん、コンセプトなしでうまくいってしまうレアなケースもあります。時代の後押しがある場合です。ご本人が意図しなくても、たまたま時代に合ったサービスを行っていた、たまたま紹介され口コミでお客様増えた、ということも実際にあります。

ただ、このケースの場合、「本人が成果を意図していない」ため、再現性がない。すると、時代や環境が変わったらお手上げです。実際にこういうご相談もよく伺います。

SNSツールは上手に使うと成果は出やすい。これは間違いないです。

だからこそ**全体設計をきちんと行う必要がある**のです。

❊ WEB 集客の全体設計は「ゴール」から作る

WEB 集客のゴールは、あなたにとってビジネスを継続していけるだけの**「収益性のある商品・サービス」がゴール**になります。

例えば、コースレッスンや、商用利用のディプロマ発行のタイプのやや高額なレッスンが主に収益性のあるサービスになります。WEB 集客の用語で「バックエンド商品」という言葉で表現されるものです。

単発レッスンや体験会などは、バックエンド商品を買っていただくための、その手前の商品ということで「フロントエンド商品」と言います。こちらは、収益性を目指すよりは、バックエンド商品へつなげていくための入口に使うケースが多いですね。そして、その「フロントエンド商品」を知ってもらうために「認知」のツールとして「SNS」を使う。ざっくりした全体概要はこんなイメージです。

ですから、バックエンド商品をきちんと買っていただけるような未来の理想のお客様を最初から集めるために、フロントエンドがあり、認知の活動がある、そんなイメージです。

だから**やみくもに SNS ツールを使っても集客ができない。**SNS ツールを効果的に使うために、**最初に決めなくてはいけないのが理想のお客様像**なのです。

2 自然と生徒さんが集まってくるＨＰ集客術

理想のお客様像を作る。その**お客様が自然とあなたのサービスに出会い、そしてスムーズに購入できる流れを作る、この作業を「マーケティング（自然と売れる仕組みづくり）」**といいます。そのマーケティングをWEB上で行うので、「WEBマーケティング」と一般的にいわれているのです。普段聞きなれない言葉かもしれませんが、ぜひこの機会に一度理解してみてください。

✻ WEBマーケティングの原点はＨＰから

少し私の開業時のお話をさせていただきます。

私の開業は22年フルタイムの会社員営業職からの独立というところからのスタートでした。独立開業する時に選んだ職種は「パン教室の運営」です。

私の起業の経緯は一般的な教室の先生の動機とは少し違っています。最後経歴が「パンこね機」の販売をする会社の部長だったため、たくさんの教室を訪問して先生のお悩みを伺う機会が多かったため、独立時「パン教室」を選択しました。

昔も今も変わらない、教室の先生たちの悩みは【集客】です。

とある先生の悩み相談を伺って、私がアドバイスをしたところ事態が好転したため、「高橋さんのような女性の経営コンサルタントさんがいたらいいのに」と言われたのがきっかけで、私はこのような教室の先生を救うコンサルタントになることを決意しました。

とはいえ、私自身が教室業をきちんと行い、集客も満席状況を作り、全国から生徒さんが来るような教室を作ることができてから、と考えて先に自分のパン教室を立ち上げました。それが、天然酵母パン教室「アトリエリブラ」でした。

✼新規開業時に9割以上の席を埋めてスタートできた秘訣とは

私は、会社員時代からWEBマーケティングのコンサルの先生に師事して、WEB集客のことを学びました。

フルタイムで働いていたことと、子供がいなかったこともあり、ご近所付き合いというものはほとんどありません。当時、教室業というのは地元密着型ビジネスと言われてきた中で、主婦の友人もいない状態ではかんたんに地元密着では集客できないと考えたのです。しかし、地元という枠を超えて、ネットで集客すれば全国区で集客できるはずだと信じて、ネット集客の準備を進めていきました。

当時用意したものは、コンセプトに沿ったオンリーワンの特徴を持ったパン教室のＨＰと日々ファンを増やし続けるための発信のツールとしてのアメブロ。この2つで集客をする準備を進めていきました。

新規開業時に必要なものは、「お客様」＝「あなたのファン」です。

私は開業してからファンづくりをしていたのではなく、「開業前」にブログでファンを増やし続けて、開業2か月前にコースレッスンを募集した結果、すべて座席の9割以上を埋めてスタートを切ることができたのです。

✿人はなぜモノを買うのか、ご存じですか？

では、少しＨＰの役割についてお話をしてみましょう。

あなたは、なぜ人はモノを買うのかご存じですか？

もちろん、モノの中には、「商品」も「サービス」も含まれます。

困っているから？　欲しいという欲求があるから？

――もちろんそれも一因であることでは間違いありません。

ただし、あなたはこんな経験をしたことがありませんか？　価格が全く同じ商品で、より親切に詳しく説明してくれた店員さんから購入したという経験です。

ここに、購買心理のカラクリがあります。

つまり、あなたがどんなに素晴らしいレッスンを開催していても、**あなた自身、または教室を信頼してもらえなければ、申し込みが入らない**のです。

その**プロセスは2段階**です。

1つ目あなたを認知すること、2つ目はあなたを信頼すること、です。

つまり、あなたの教室に未来の生徒さんを集めたければ、まず、あなたを認知してもらわなくてはなりません。そのための、あなたの分身がＨＰで、来てもらう道筋としてSNSツールを使っていく、という手法になります。

これが**「SNS集客」の基本概念**です。

✲生徒さんが自然に集まってくる魅力的なＨＰとは

よって、**生徒さんを自然と集めたければ**、

①　**見ただけで申し込みを**したくなる魅力的なＨＰがある。

②　そのＨＰに導線設計をし、**お客様がスムーズに流れてくるように**する。

という2点が重要ポイントになります。

また、ＨＰに人が自然に集まってくるような仕掛けをするなら、「サービスを探している人の悩み」に対しての答えをＨＰの中にしっかり記載してあることが大切です。

その結果、探されてたどりつくページになれば自然と理想のお客様が集まるという図式が成り立ちます。

今の時代のSNS集客はツールも多いので導線設計も当時よりも複雑になりがちですが、**注目するべきポイントはたった1つ**です。

それは、「あなたの未来の生徒さんの今現在の悩みを知り、その**解決先を先回りしてＨＰに埋め込む**」ことで、**検索されてあなたのところにたどり着くという点**です。そのルートを短縮するために認知拡散活動を広げれば見つかりやすくなる、ということを理解してSNSに取り組むと効果が出やすいです。

3　戦略的な集約導線を作り、理想の生徒さんと出会う

それでは、実際に**どのような集客導線を作れば、理想の生徒さんに出会うことができるのか**をお伝えします。【集客導線の全体図　図表3】

前項で、**「集客の全体設計はゴールから設計する」**とお伝えしました。

ここでは、各項目で何をしたらいいのか、そしてその効果はどこにあるのかをお伝えしますね。

ゴールから設計するということは、実際は、⑤番のバックエンド商品を決めてから、④→③→②→①という順番で設計しますが、ここではわかりやすく最初の入り口①から解説したいと思います。

図表3

● 集客の全体設計

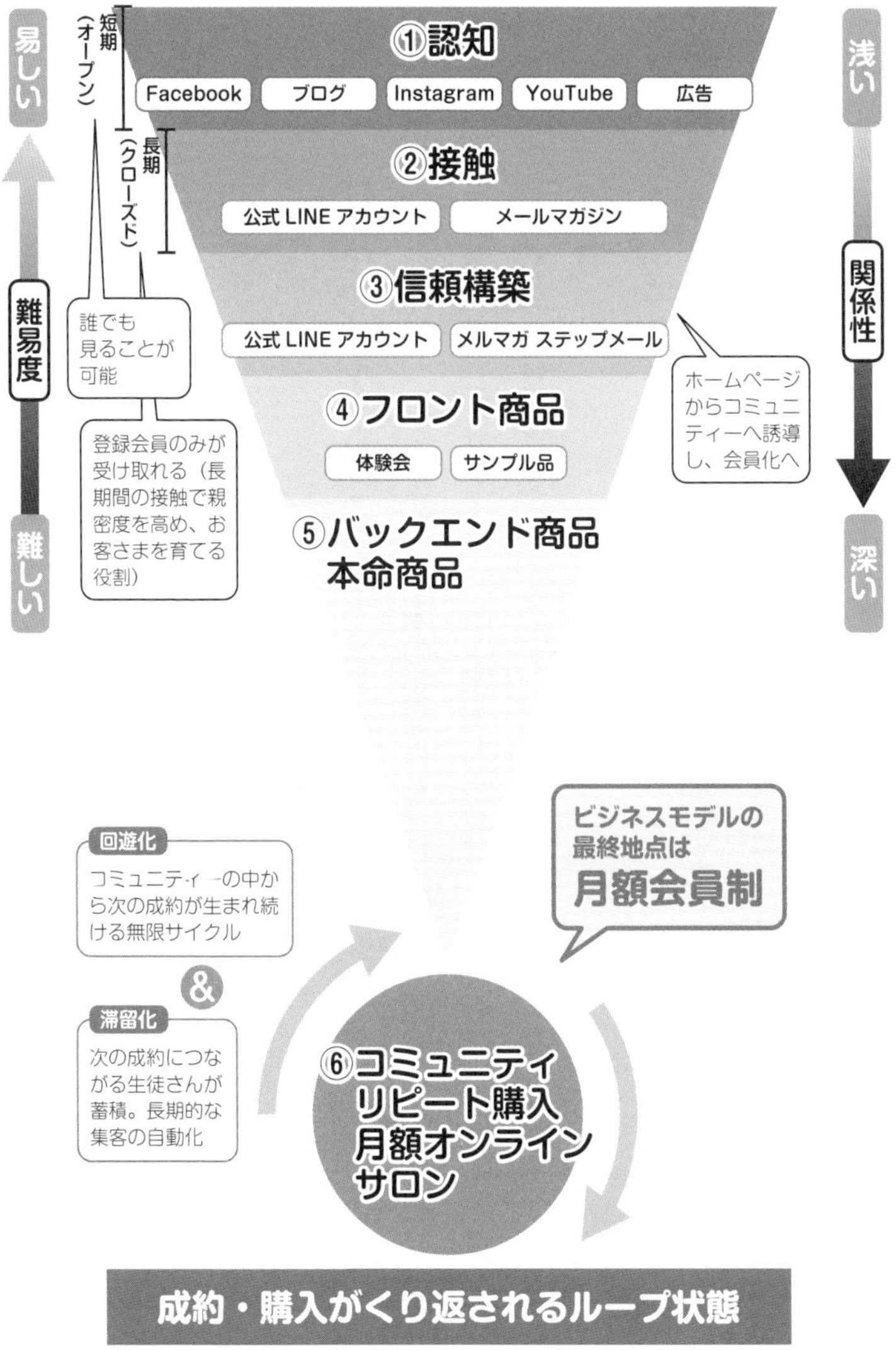
易しい
難易度
難しい
短期（オープン）
長期（クローズド）
誰でも見ることが可能
登録会員のみが受け取れる（長期間の接触で親密度を高め、お客さまを育てる役割）
①認知
Facebook
ブログ
Instagram
YouTube
広告
②接触
公式 LINE アカウント
メールマガジン
③信頼構築
公式 LINE アカウント
メルマガ ステップメール
④フロント商品
体験会
サンプル品
⑤バックエンド商品
本命商品
ホームページからコミュニティーへ誘導し、会員化へ
浅い
関係性
深い
回遊化
コミュニティーの中から次の成約が生まれ続ける無限サイクル
&
滞留化
次の成約につながる生徒さんが蓄積。長期的な集客の自動化
ビジネスモデルの最終地点は
月額会員制
⑥コミュニティ
リピート購入
月額オンラインサロン
成約・購入がくり返されるループ状態

【集客の全体像】

✲①認知・・・SNSツール（Instagram/FB/ブログ/YouTube）や広告

あなた自身とサービスを知ってもらう最初の入り口になります。まず認知されなくてはその先の購入はありません。**認知してもらえる入り口は多ければ多いほど良い**ですが、**出口**（サービスを申し込みしてもらえる場所）**は1つになるイメージ**を持ちましょう。

✲②接触・・・LINEやメルマガ（ステップメール）登録

ゆっくり信頼関係を作っていくために**未来の生徒さんに定期的に連絡できる体制**を作ります。ブログなどはプル型メディアといって、相手から見られるのを待つタイプのメディアですが、LINEやメルマガはプッシュ型メディアといって、こちらから通知できて読まれやすいメディアです。

✲③信頼構築・・・LINE（ステップ配信）やメルマガ（ステップメール）

単発のお知らせでの活用ではなく、連続するシナリオ（ステップ配信）により、あなたが伝えたい順番で読者に読んでいただくことができます。伝えたい順番でストーリーを作ることで**ご自身のキャラクターやサービスの特徴を理解してもらいやすくなります。**

✼④フロント商品購入・・・体験会やサンプル商品の購入

いきなり高額の商品は販売しにくいので、気軽に購入しやすい比較的安価な商品サービスを販売します。**教室業の場合は、体験会やモニターレッスン**になります。収益を上げることが目的ではなく、その先の「バックエンド商品」が延長にあるような講座を作ります。

✼⑤バックエンド商品購入・・・収益性のある比較的高価な商品、本命商品の購入

あなたが**本当に買ってほしい商品をこの段階でご紹介**することになります。最初の出会いから一連の流れを通して自然な流れを作ることで、お互いに無理することなく喜んで商品を購入していただけるようになります。

✼⑥リピート購入・・・再度購入&周辺商品の購入

一度本命商品をご購入いただいたお客様のご縁を切らすことなく、**関係性を続けることで**よりあなたへのファン度があがり、**再び購入し**てくださったり、周辺サービスを購入してくださるようになります。この関係性の構築に、**月額オンラインサロン**などを活用します。

❊ SNSだけをやっていても集客できない一番の理由とは

上記流れを見ていただいてわかるように、**「本命商品」へとつながるように「フロント商品」を作る必要**があり、さらに言うと、この「フロント商品」を好むお客様を自分の手元で信頼構築する必要があります。

そして、その手元であなたの発信を楽しみにしてくださる方を集めるために、「SNSツール」を活用します。

ポイントは、この流れが「一貫している」こと。

なんとなく、Instagramをアップしてみた、なんとなくYouTubeをアップしてみた、という気まぐれなレベルでは、一連の流れになっていないので、行動がゴールに向かいにくいということがおわかりいただけると思います。

そして、リアル対面レッスンの時の集客でもこの流れができていない先生はたくさんいらっしゃいます。

オンラインの集客においては、さらにこの**WEBでの流れを意識しないとWEBでの集客がうまくいきにくい結果となってしまう**のです。

4　オフラインとオンラインの集客戦略の違いを知る

それでは、全体の導線設計が分かったところで、**「オフライン（リアル対面型）」と「オンライン」の集客戦略の違い**をお伝えします。

このお話をする前に少しだけ「教室集客」の特徴と歴史をお話ししたいと思います。

❇ 教室集客の手法と歴史

教室業は、もともとは「リアル対面」が主流で発展したビジネスです。お稽古事として、地元にある、通える範囲で通うということが一般的でした。

この時代の集客は、メインは**アナログ集客**。

例えば、チラシを地元スーパーに張り出したり、公民館においてみたり、友人知人のツテを使って、口コミや紹介で生徒さんを増やしていく、そんな手法が主流でした。

集客の9割以上が口コミ・紹介のみで成り立っていたのがこの時代です。

その後、教室の数も増えて、ネットでの集客が台頭してきて、ブログ集客などがもてはやされるようになったころあたりから、HPでの集客や、WEBでの認知拡散が増えてきました。このあたりになると、通う生徒さん側に選択肢が出てくるようになり、地元だけではなく、「全国規模」で検討して「行きたい教室に行く」ようになってきたのです。その時によく活用されたのは、**インターネット検索**。この時代あたりからWEB集客、特にSNS集客が盛んになってきました。HPを作る先生も増え始めたのもこの時期です。

そして、２０２０年、世の中の価値観まで激変してしまった**「コロナの襲来」**。これによって、**オンライン化への流れ**が一気に加速しました。オンライン化に躊躇する先生は、先細りになり、オンライン化を受け入れてさらに創意工夫をこらした教室は、コロナ禍でむしろ売り上げがアップした教室もあったくらいです。

そして、この**２０２０年を境に完全に教室業は「オンライン」へシフト**しました。

同時にそれは、**「全国規模での集客」もできるようになったことを意味**しており、教室業における**WEB集客力がそのまま教室の人気度に比例**するほどのスキルに変わったのです。

✲コロナ禍以降のオンラインWEB戦略の特徴

前述の流れから、教室業のメイン集客は、アナログ戦略（オフライン）からオンライン戦略へ転換したことはご理解いただけたと思います。

さて、ではここで**教室業のオンライン戦略でポイントになる3点**をお伝えします。

① 露出頻度
② デジタルスキル
③ スピード

① 露出頻度

WEBの世界では、あなたが発信しない限り「あなたの教室は存在しないこと」になります。これにより、スキルがあるけど発信量が少ない先生よりも、スキルが不足しているけど発信量が多い新米先生のほうが集客できてしまうという逆転現象がかんたんに起きてしまうのです。

ということは逆に、これから開業する予定の方でもオンラインで開業するなら大いにチャンスはあるということです。

ただし、1点忘れてならないのは、「露出量」というのは、あなたがどの業界でやっていくかを決めた時に変わるということです。

大量に投稿しているベテラン先生が多い業界＆参入している人が多い業界だとそれ以上の露出が必要になるので、**「投稿量」**または**「積み上げる時間」**が必要になるケースもあります。

どの場所で勝負をするか、これはオンラインでは特に重要になってくるポイントです。

② デジタルスキル

あなたが会社員からのオンライン教室起業ということであれば、それは**現存の先生よりは有利になる可能性があります。**なぜなら、教室業の先生は、パソコンなどのデジタルスキルが苦手な人が多いからです。

会社員をフルで働いていた場合、新しいデジタルスキルを覚えるにしてもそこまで抵抗がないと思いますので、その点では、有利に働くと思います。

③ スピード

オンライン化の時代で重要な視点は「スピード」です。

あらゆるものの意思決定の速度も速くなっています。

ということは、あなたの講座のリリースの速度も速めていかないと、すぐに陳腐化してしまうのもこの時代の特徴です。

企画を次々に考えて、**トライ＆エラーに積極的に挑戦**できる人は、新規開業であっても成功する可能性が高いです。

この**3点がオンライン時代の集客戦略の核になる部分**です。
自分に足りないスキルはどれなのかを見返して、前に進む準備をしていきましょう。

5

自然に集まるWEB集客の攻略ポイントは、「検索」を制すること

私はもともと、地元に知り合いもいなかったことから、当たり前のように、**「全国規模でのWEB集客」を選択**しました。まだ、世の中がアナログでの集客が主流だった時代に、オンラインの集客を構築できていたのは有利に集客ができていた要因です。

私は、なるべく「集客の手間」を省きたかったので、**「自動的にＨＰに未来の生徒さんが集まり続ける仕組み作り」**を開業当初から行ってきました。

その核になるのは**「検索からのお客様」を取り込む**こと。

探されて、ＨＰにたどり着き、そして私のサービスを見てもらって、気に入って購入していただく、この一連の動きをWEBで完結したいと思っていました。

いわゆる**自動集客**という形です。実際に私はこちらを実践していたおかげで、集客活動はおそらく当時の先生方の5分の1ぐらいの労力で満席が続く教室を作ることができていたのです。

さて前項で**オンラインWEB集客導線は、6ステップがある**ことをお伝えしました。
①認知↓②接触↓③信頼関係構築↓④フロントエンド購入↓⑤バックエンド購入↓⑥リピート　でした。
この導線になったのは、今の時代は商品があふれて、選択が難しい時代になったからです。

私が開業した当時は、ネット集客をメインでやっている教室が少なかったので、①認知↓⑤バックエンド購入という導線も1つのHPで行うことも可能でした。

これを行ううえでは、**「お客様に勝手に検索されること」**という視点がどうしても外せないものだったのです。

✲ 検索するお客様とファン化したお客様の購買時期の違い

お客様の購買時期には大きくわけて2つの時期があります。【図表4】
1つは**「いますぐ」**、もう1つは**「そのうち」**という時期です。
検索で探しているお客様はどちらだと思いますか?
はい、そうです、「いますぐ」欲しい方なのです。「いますぐ」欲しいから検索して探すのです。

一方、ファン化していくお客様は「そのうち」欲しいけど今はまだ、という方がほとんどです。

とはいえ、あなたの商品に興味があるから、あなたの発信を見たり、メルマガやラインに登録して、あなたからの情報を手に入れようとしてくださいます。

だから、事業をスムーズに回すなら、**「今すぐ顧客」と「そのうち顧客」**を両方とも2層にして保つ必要があるのです。

とりわけ、「今すぐ顧客」については「検索」をしてあなたのサービスを探すわけですから**「検索」対策が必須**になるわけですね。

✲ 検索されるためには、お客様の心理と欲求を先回りすること

教室のもっとも重要な核は「コンセプト」、すなわち「誰に何を」提供する教室なのか、という点でした。

そして、この**検索対策においては「誰に」が最も重要に**なります。

あなたが呼びたい理想のお客様の思想・ライフスタイル・欲求を把握することで、その

検索するであろう「キーワード」をあらかじめHPやブログに埋め込むことで、探している生徒さんを自分のHPに引き寄せることができるのです。

当然、**「探している」方**なのですから、その方が望むドンピシャなサービスをあなたが提供していたら**「すぐに買われる」可能性がとても高い**のです。

この「キーワード」を事前に把握して、HPの中にきちんと表現していく作業をマーケティング用語では**「SEO対策」＝「Search Engine Optimization（検索エンジン最適化）」**と言います。少し難しい用語に見えるかもしれませんが、WEB集客では必ずと言っていいほどよく出てくる言葉なので、概念だけは把握しておいていただければと思います。

要は「あなたの提供しているサービス」を「欲しいと思っている人」にたどり着いてもらえるような道筋をあらかじめこちらで作っておく、ということです。

✲ HPを作るなら、最初から「自動集客」の仕組みを意識して作る

これを行っておけば、同様の属性の方ならいつでも何度でも、勝手に検索されて、勝手にページにたどり着き、勝手にページを読んでもらって、申し込みをいただける、**「自動集客＆自動成約」という状態をWEB上にHPを使って作り出すことができます。**

もちろん、この状態に似ている状態はInstagramやFacebookのハッシュタグでのきっかけづくりからでもスタートできますが、この2つのメディアの弱点は、「そこにゴールがないこと」。それに対して**HPなら「集客と成約」が同時に行える**ので長期的に見て効率的なのです。

「キーワード」はお客様視点で検索ワードをピックアップして、実際に検索エンジン(Google、Yahooなど)にキーワード入れてみて、どれぐらい検索されているか、などで状況を把握することもできます。

このキーワードで探されそうだな、と思うものを実際に入れてみてください。私のパン教室の時の最重要キーワードは「天然酵母　パン教室　横浜」でした。

あなたの教室はどうやって未来の生徒さんに探される予定でしょうか?

そして検索結果の1ページ目にはどんな教室が並んでいるか?

それを知るだけでもあなたが比較される教室の特徴がわかり、**あなたの教室をどのような見せ方をすればいいのか**などのヒントが見えると思います。

図表4

＜お客様の購買時期のちがい＞

	潜在層	そのうち客	今すぐ客
見込み数	多	中	少
成約率	低	中	高
ライバル	少	中	多
心理状況	漠然とした悩み	検索して情報を集める	検索・検討して予約
行動	SNS（インスタ・ブログなど）	検索（パン教室・横浜など）	検索（指名検索、HPなど）

＜お客様の状態とSNSの関係性＞

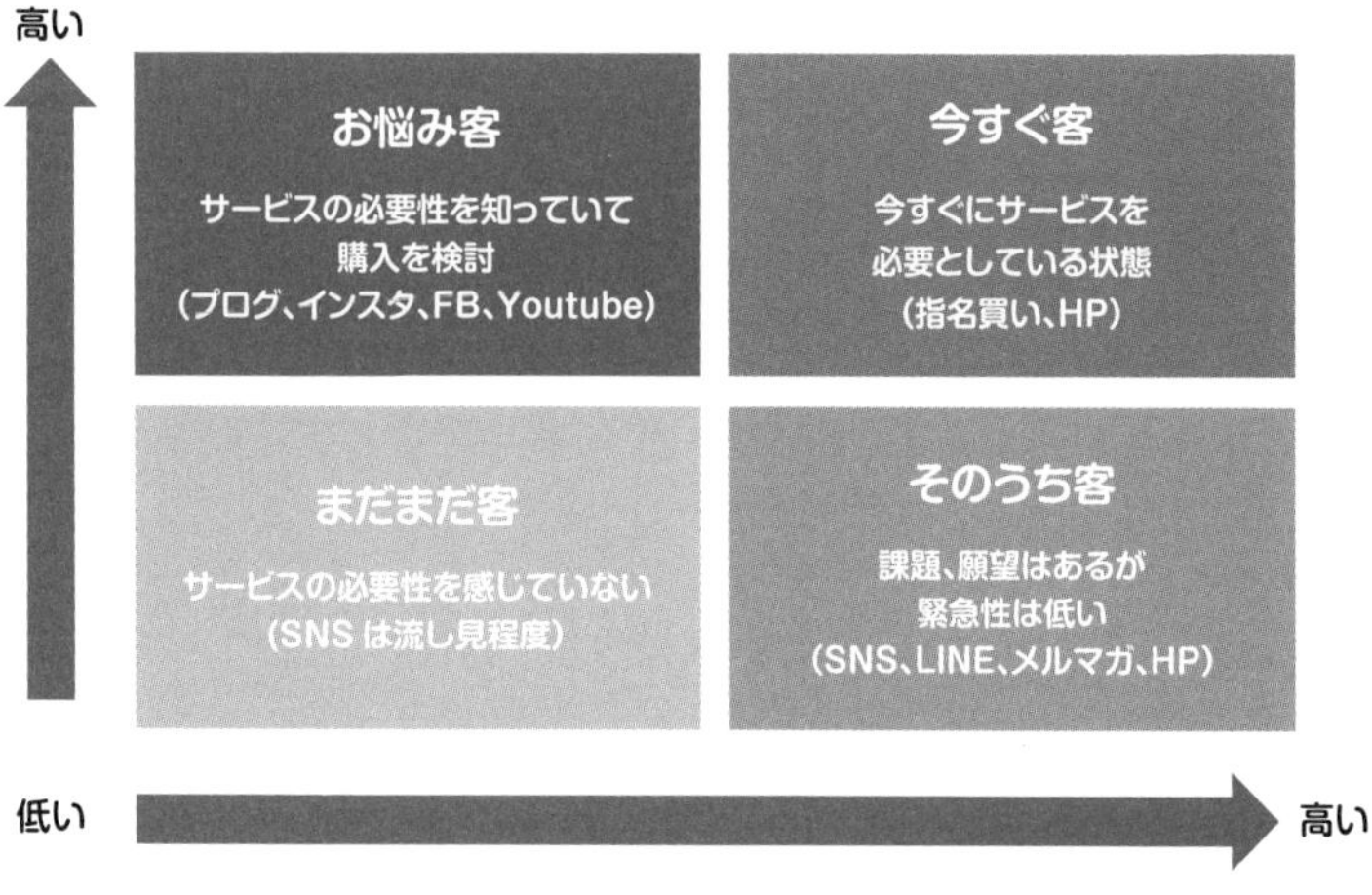

本当はオタクな私が本を書く理由

今の私のキラキラしている姿を見ている方にはおおよそ想像がつかない過去の話。私の幼少期のお話です。

そのころの私はおそらく今風の感覚でいうと「オタクな女子」だったと思うのです。

私の小学校、中学校あたりは、同級生の家庭格差を感じるほど貧しい暮らしをしていました。

唯一の習い事はそろばん。なぜそろばんを習うことを選んだのか今となっては不明ですが、玉を弾《はじ》いて計算する、そして暗算のメカニズムにも興味を覚えたのかもしれません。

しかしながら、途中で自分が飽きてしまったことと、家計の事情もあって人知れずフェードアウトした幼少期の習い事の記憶です。

同級生が普通に通う塾にも行けるお金がなかったので、お小遣いから参考書を買って自分で教科書と照らし合わせながら宿題を解いたり勉強したりしていました。

当時の小学生の女の子がハマるサンリオのキャラクターグッズや、ディズニーのミッキーにも興味を持たず、芸能人のジャニーズグループの誰が好きかどうかなんて、全く興味を持たない女子力に欠けた学生時代を過ごした私。

はた目から見たら、かなり変わった女の子だったと思います。

世間一般的にはいわゆる「ネクラオタク女子」。経済力がないと、友人と同じ遊びをすることできません。それこそ遊園地に行くにも、フルーツパーラーに行くにも、どこに行くにもお金がかかります。極力お金がかからない遊びを選んでいると、図書館で本を借りて本を読むか、同級生の男子とスポーツをするか（ドッジボールやサッカーや鉄棒など）ぐらいが選択肢になってきます。

そう、私は、お金がかかる女子との遊びより、お金がかからない男子との遊びの方がもともと多い人でした。だから、クラスでも少し異質な存在。女子のグループにはどこにも属さず、男子とも普通に遊ぶ。普通ならイジメにあうような生活っぷりでしたが、いじめられた記憶はありませんでした。

何か、「我が道を行く」的なオーラが同級生を圧していたのか、同じ年代の同級生よりも世の中を達観しているように見えたのか、同級生から相談事はよくされていたような気がします。

私自身、そんな境遇に対してさほど悲観したこともなく、この状況をどうすれば脱出することができるのか、大人になったらどうやってお金を稼げるようになれるのか、そんなことを子供なりに薄っすら考えていたのです。

そんな学生時代を過ごした私は、もともと同級生に比べて本をたくさん読んでいたため、読書感想文などで表彰されたりすることも多かった記憶があります。単純に「語彙《ごい》集」があったからだと思いますが。

そんな背景もあり、自分は文章は人よりも少しは書ける方なのかもしれないとうっすらとした自覚はありました。かといって本を出版するとか、作家になるとかは当時は全く思っていなかったのです。

お金を使わないで冒険旅行するのには、「本を読むこと」と「文章を書くこと」が良いイベントでした。小学5年生の時にファンタジーを書きました。４００字詰め原稿用紙で80枚ぐらいの物語です。今で言うわかりやすい本のイメージだと「ハリーポッター」のような童話だったと思います。魔法少女のお話。自分の現実をその世界に投影して、夢を見たかったのかもしれません。

そんなことをしているうちに、私は「自分の心」をだんだんと文章で表現していくようになりました。多感な思春期です。私も好きな人ができたりして、心が躍るようなワクワクする体験をしたり、大好きだった人に振られたり。そんなアップダウンする気持ちも日記に思いを綴《つづ》ったりしていたのです。

時が経って、その日記を見ると、よくもまぁ、そんなに熱中していて、恥ずかしげもなく恋愛の世界に没頭していたものだなぁと、冷静な私が見ると思ったりすることもありました。

ただ、今振り返ると「熱中する情熱」と「冷静に見る均衡」という感覚を、「文章を書き、読む」ことで自然と身につけたように思います。

いわゆる普通の学生ができるような友人付き合いを、「お金」の制限により選択できなかったことが、逆に私に無限の可能性を開いてくれる「文章」を書くことに向かわせてもらえたことが、今の私を作ってくれていると思うと、ラッキーだったなと感じています。

どんな環境でも人には必ずギフトはもたらされている、それを無意識でもいいから受け取っていることが大事だと、大人になって感じるようになりました。

私が内面を吐露するような文章は、時に、自分の体をえぐって書くような感覚に近い時もあり、書き終えるとぐったりするような倦怠感に襲われることもあります。ただ、そういう文章は読み手にとっての「共感力」が強く、私の文章が同じような境遇にいる誰かの救いになったり、前に向かうための原動力になることにいつしか気付くようになりました。

そして、教室経営のコンサルタントになってから、5年後に「悩める教室の先生を救いたい」という気持ちから本を出版することを決意して本を出版したのはごく自然な流れだったと思います。

そう、私は本を書きたかったのです。

その原動力は「誰かの役に立ちたい」。その一心で本を書いています。

私のスタートは貧しい暮らしからの「読書」がきっかけになり、たくさんの知恵を得て大人になりました。友人付き合いも一般的なものではなかったかもしれません。何しろ「オタク女子」だったわけですから。

ただ、今考えると、「オタク」＝「特化した分野に秀でた才能」だと確信しています。

だからこそ、自分は「オタク」だと人に告白できず人知れず活動している方に、お伝えしたいことがあるのです。

「オタク万歳」。

平準化した普通なもので溢れている現代こそ、教室の先生は「オタク」であるべきだと声高らかに伝えたい、そう思う今日この頃なのです。

第3章

集客しやすい
オンラインレッスンの作り方

1
対面レッスンにはない
オンラインレッスン3つの特徴

2020年コロナ禍以降大きく需要を伸ばしたオンラインレッスンですが、対面レッスンの補完要素としてのレッスンの位置づけが大きく逆転したのが特徴です。

つまり、**「メインとしてのオンラインレッスン」**ということであれば、おまけ的な要素ではなく、そのレッスン単体でお客様の満足を得なくてはなりません。

対面であった時と同じような満足感を目標にするうえで、新たに考えなくてはいけない課題も出てきました。**オンラインレッスンならではの特徴に**ついて解説したいと思います。

まず、3つの特徴はこちらです。

① **コミュニケーション**

② **レッスン時間**

③ **ゴール設定**

以下各項目について解説します。

✼①コミュニケーション

対面レッスンでは、有効だった非言語コミュニケーション（ジェスチャーや、表情、目配り、動きなど）がかなり制限されます。画面上のサイズでの動きでしかあなたの意図を伝えることができません。

そして、これはあなただけの問題でもなく、参加される生徒さんの表情や言葉から現在どのような状態なのかを常に気づかってレッスンを進めていく必要があるのです。リアルタイムで一緒に作っていくタイプのオンラインレッスンでは、**「高度なコミュニケーション能力」が必要とされる印象**です。

画面の中の動きだけで最大限に「伝わる」訓練も必要かもしれません。表情の表現が乏しい人は表情豊かに、ジェスチャーが苦手な方は、画面範囲を大きく使いながら、目を引き付けてわかりやすく伝えなくてはならない、そんな工夫が必要になると思います。

対面レッスンで当たり前のように伝わっていたことが伝わらないことに最初はもどかし

く感じることでしょう。

しかしながら**オンラインならではの良さもある**のです。生徒さんの表情がアップになるならその感情の起伏も読み取れます。また、先生の手元などのアップなどもカメラを切り替えながら見せることができるので、対面レッスンよりもわかりやすいという声をいただいている先生もいらっしゃいます。

オンラインがすべて大変ということでもなく、利点もあります。**上手に利点を生かしながら満足度アップに努めていく**と良いレッスンが構築できると思います。

✲②レッスン時間

以下は、私自身も一般的な参加者として私のクライアントさんのオンラインレッスンに参加して感じたことです。

それは、**「対面レッスンほど、オンラインレッスンは集中力が持たない」**ということでした。

きっと、対面レッスンだと先生の教室に伺うので、道具や段取り、導線もすべて完璧に準備できている状態で参加するだけでよいからそこまで疲れないのだと思います。

ところが、自宅で、自分で道具も材料も全部準備して、Zoomにつないで先生の話を聞きながら一緒に作業をするというのは、想像以上に疲れることなのだと、自分が受講してみて実感しました。

その後クライアントさんとオンラインレッスン構築についてのディスカッションをした時に皆さんの口から出てきたベストなレッスン時間は**「1時間から長くても1時間半」**という指標が出たのです。この時間が長すぎるとお料理レッスンなどの場合、台所で立ちっぱなしで受講する人などもいると、辛《つら》いらしいという皆さんの共通認識でした。

以降、私が初めてのオンラインレッスンを行いたい方にお伝えしているレッスン時間については**「対面レッスン（2時間から3時間）よりも短め、1時間から1時間半がベスト」**とお伝えしています。

あなたがレッスンを組む時にもぜひ参考にしてください。

✲③ゴール設定

こちらも実際にオンラインレッスンを運営してみて感じたことなのですが、**対面レッスンのゴール**は、「目的のスキルをマスターする、または、**完全な見本となる出来上がりを**

サポートすること」がメインになっています。

ところが、**オンラインレッスンの場合**、「先生がその場にいて手取り足取り教えるわけではない」ので、**「完璧を目指さないレッスン設計」のほうがよい**のです。

「完璧を目指さない？」とはどういうことなのかというと、先生のご自宅環境と生徒さんの環境は違うので、本来であれば全く同じものが作れればよいのですが、そうならなかった時に生徒さんの気持ちに残るのは**「残念な気持ち」**です。

例えばほかの人は失敗してないのに自分は失敗していたら？

仮にそれが自宅環境に起因することだったとしても、です。

その方は、次からもレッスン参加すると思われますか？

参加する確率は、うまくいった人よりも下がると思います。

では、ゴールをどこに設定すればよいのか、というと、私のおススメは「スキルのマスター」をゴールに設定するのではなく、**「レッスンという体験そのもの**（一緒に参加した方とのコミュニケーションも含めて）**を楽しかったと思う状態」に設定する**ことをおススメします。

こうすれば、なんだか料理はうまくいかなかったけど、楽しかったからまた次回リベンジしよう！　になる確率が高いのです。「楽しかった」が動機付けされないと2回目はありません。

職人気質の先生は、とにかく生徒さんに「スキルアップ」を必死にお伝えする方が多いのですが、オンラインレッスンの場合、本人のスキルとは無関係部分で失敗する要素もとても多いのです。

スキルをお伝えするのはもちろん大切なのですが、オンラインレッスンの場合は、**「経験」「楽しさの共有」に重きを置くほうがそのあとの継続につながりやすい**です。

特に楽しいを感じてもらえるようにレッスンを組み立てることは、オンラインならではの特徴で、そのために先生自身の**「楽しませるエンタメ性のあるレッスン進行」**が対面レッスンよりも求められているように感じています。

2 オンラインレッスンを好む生徒さんの特徴を知る

コロナ禍の前までは、主に対面レッスンの生徒さんを集客していた先生がほとんどだったと思います。

しかし、オンラインレッスンをメインで集客をしようと思うのであれば、オンラインレッスンを好む生徒さんを最初からターゲットとして設定したほうが、集客の的が絞れるので集客効率は良いです。

では、**オンラインレッスンを好む生徒さんは、どのようなライフスタイルの方**だと思いますか？　このライフスタイルを考えるという視点は、その後考えていくオンラインレッスンの企画をするうえでも大切なポイントになるので、ぜひじっくり考えてみてください。

✼ オンラインレッスンを好む生徒さんのライフスタイル

オンラインレッスンは次のような方に喜ばれると感じています。

① 先生の教室に通いたかったが**遠方で通えない方**

② 細切れの時間しか取れず、教室の**レッスン時間&交通時間が確保できない方**

③ 家庭の事情（お子様・ご両親の介護など）があり、**家を離れることができない方**

④ 1日に複数のレッスンを受講したい方（時間のロスが少ない）

⑤ 他の作業も同時進行させながらレッスンも受講したいマルチタスクの方

⑥ 家族と一緒にレッスンを楽しみたい方

⑦ 日本全国のみならず、世界の方とも一緒にコミュニケーションをとりたい方

⑧ 天候（雨天・荒天）・体調にかかわらずフレキシブルに参加したい方

今までの教室業の歴史からしても、基本は対面レッスンのほうが好まれます。

しかし、遠方で距離がある場合、時間を節約してでも、その先生のレッスンを受けたいと思うのであれば「オンライン」を選択すると思います。

また、お子様が小さくて、外出もままならない、でも息抜きや自分の知識と教養を深めたい、そんなお母さんにもオンラインレッスンは好評だと伺っています。

オンラインレッスンの可能性は、すでに教室の先生をしている方であれば今まで会うこともできなかったタイプの生徒さんに出会うチャンスですし、これから教室を始める方に

とっても、地域だけに縛られずに全国区での集客ができるチャンスでもあります。

✲オンラインレッスンの企画の組み立てのポイント

オンラインレッスンの企画を組み立てる時には

①　**コンセプト**（誰に何を提供できる教室なのか）

②　**ターゲットにとってオンラインレッスンの魅力**を理解する

この**2点が重要**になります。

ある特定のターゲットが決まれば、

・**どんな時間**帯の開催がいいのか?

・ターゲット層の**お金の価値観**において価格帯はいくらなら参加可能なのか?

・**レッスンの形態**（リアルタイム・デモンストレーション・動画併用など）の好みは?

なども決まっていきます。

対面レッスンを好む方とオンラインレッスンを好む方の参加動機は異なります。対面レッスンの内容をそのままオンラインレッスンに変換するだけではうまくいかないということを理解してレッスンの企画を立てるとよいと思います。

3 対面レッスンとオンラインレッスン 価格の決め方の違いについて

オンラインレッスンを始めようとしている方からのご質問で一番多い内容が**「レッスン料金の決め方」**についてです。

きっとあなたも興味ある項目だと思います。

こちらでは、3つの観点から料金についてお伝えしたいと思います。

① **原価を引いた金額**
② **スケールボリュームを検討**
③ **生徒さんとの関係性**

✲ ①原価を引いた金額

まず、はじめにレッスン料金に含まれる**原価に**ついて検討してみます。

従来、対面レッスンで**「料理関連」**のレッスンをしていた方は、原価としての材料費はかからなくなります。例えば、５０００円のレッスン料金だった時に、材料費が１０００円分ぐらい入っていたとしたら、４０００円というのが妥当な数字という考え方です。

　このような場合とは逆に、一度道具をそろえてしまったら、あとは**「ノウハウ」**を教えるだけで済むようなレッスンの場合には、対面もオンラインも値段の差がなくても問題ないと思います。例えば、絵画やコーチングなど技術習得がメインの講座の場合です。

✲②スケールボリュームを検討

　こちらは**あんがい見落とされがちな視点**です。まず自宅教室業の場合、対面レッスンを行う時に物理的に受け入れ人数が2名から8名程度が多いようです。ところが、オンラインになると、特にデモンストレーション型で行えるレッスンの場合、先生ご自身のオンラインのスキルにより、20名から50名でも受け入れ可能になるケースもあります。

　例えば、対面レッスンで５０００円を4名で行っていたレッスンだと1レッスンの売り上げは2万円になります。こちらがオンラインで仮に１０００円だったとしても、30名集めることができる予測がつくレッスンであれば、3万円です。

　この差は1万円しかありません。で、あれば楽な高単価少人数のほうがいい、という考え方もあるでしょう。ただ、人数が多い場合には、長期的に見て**「ファンが多い」**ということになると違う時期に、違う商品が売れていく可能性も高くなるので、年間総売り上げは高くなる可能性もあります。また、手ごろな価格を何度も買っているうちに、いよいよ本命商品（高額商品）を購入したくなる時も来るかもしれません。そうすると一気に売り上げもアップします。

このように、1つの価格の表面的な内容だけではなく、**その裏にある要因も一緒に考慮すると価格のつけ方とイメージが変わります。**

この価格の考え方も全体設計と関わるビジネスの全体戦略になります。

✲③生徒さんとの関係性

この価格の考え方は、新規で開業する方というより、すでに**既存の生徒さんのリストがある方へのお話**になります。

対面レッスンである程度の関係性が構築できていて、「先生のことが好き」という生徒さんがたくさんいた場合には、**世間相場の金額に左右されることがなく、オンラインレッスンが売れる**ことがあります。このケースは**「動画販売」**になった場合でも同様のことが起こります。

例えば、一般的にこれぐらいの内容だったら、3000円ぐらいのレッスンという相場があったとします。しかし先生が独自に作ったコミュニティがある場合には、「先生へのロイヤリティ（特別な感情や忠誠心など）」が高い場合もあります。その中で販売するうえでは、**世間相場があまり関係なくなることも多々あります。**3000円のレッスンが5000円でも普通に売れてしまうことも多いです。

芸能人のグッズ販売と似ているかもしれません。原価が1000円の商品でもその芸能人のファンの人なら特別の限定品を1万円で購入することも普通にあるからです。

ですから、そういうコミュニティを持っている先生については、先生が自覚するしないにかかわらず、世間相場よりも高くても売れてしまうこともあります。

そして、この**価格は「コミュニティ内」のみで通用する価格**なので、新規の人を考える時には、また価格設定を考慮しなくてはなりません。初めての人は、1回目だけのお試し価格で安くするのか、それともコミュニティに入る前提で会員価格を設定して紹介するのか、などです。

通常は、長くいてくださる生徒さんを優遇するほうが、長期的にお付き合いが続きますのでそのあたりも合わせて価格設定の時には考慮したいものです。

4 オンラインレッスン構築時の3つのポイント

これから新規でオンラインレッスンを始めたい方、すでに対面レッスンを行っていて今後オンラインレッスンを構築したい先生、どちらにも共通する構築のポイントがありますのでお伝えしたいと思います。

オンラインレッスン構築の3つのポイントはこちらです。

① **講座のゴール**を決める
② **生徒さんの属性**をそろえる
③ **レッスン形態に合わせた生徒さんを集客**する

✼ ①講座のゴールを決める

その講座を受講した生徒さんにどのような状態になって欲しいのかをあらかじめ先生が

設定をして、レッスン内容を組み立てます。

例えば、このような設計から体験会を開催するとしたらどうでしょうか？

体験会の目的は大抵、そのあとの**「本講座（バックエンド講座）へのお申し込み」**を期待したいところです。

だとすると、もしもゴールをそのように設定するのであれば、体験会では「本講座の案内とその**講座に来る意思があるかどうか**」を聞かなくてはなりません。

また例えば、体験会のゴールを違う内容で設定した場合はどうでしょうか？

体験会のゴールが**「あなた自身の市場調査」**だったとすれば、ご参加下さった方の反応を見たうえで本講座を作るかどうか迷っている場合、マーケティングの一貫として体験会を開催する場合には、**「お客様の反応と感想」**を集めることがゴールになります。

このように、開催する側が明確な意思を持ち企画を作る必要があり、その際の一番の決め手は**「ゴール設定」**となるのです。

✲②生徒さんの属性をそろえる

オンラインでさまざまな要望を持った方を一度に集めてレッスンされたことがある方

は、きっと苦い経験があるかもしれません。

「生徒さんの属性」、つまり「望むゴール」をある程度おなじ方向に向かうようにしておかなければ、結果として**誰にとっても不満足なレッスンになるという残念な結果**になりがちなのです。

　Aという成果を望む生徒さんとBという成果を望む生徒さんは集客段階できちんと区別をして集客するほうが実際のレッスンでの満足度が上がります。

　特にもともと持っているスキルをある程度そろえるほうが、先生も生徒さんもやりやすいです。ベテランさんの中に、初心者さんが1人だけだとその方がいたたまれない気持ちになってしまうこともあるし、初心者さんの中にベテランさんが1人だけだと今度は逆に退屈でつまらない思いをしてしまいます。

レベル感は、集客する告知文章の中で明記することで、その回でのメンバーのレベルをそろえることができます。

　このレベルをそろえることは、**対面よりもオンラインの方が重要視**されていて、小さい画面上でのコミュニケーションで成り立つレッスンならではの特徴なのではないかと感じています。

✲ ③生徒さんに合わせたレッスン形態で集客する

対面レッスンの時には、実際にその場で一緒に実技をするケースが多いので、あまり厳密に**「レッスン形態」**というものを意識しなくても運営できていたかもしれません。

ところが、オンラインになると、

・デモンストレーション型
・デモンストレーション&実習　ハイブリッド型
・リアルタイム実習型
・動画配布&講義のみリアルタイムでの講習型
・グループ型
・プライベートレッスン型

など、さまざまな形が考えられます。

もちろん、料理なのか雑貨なのか、ノウハウ系なのか、コーチングなのか、など扱う講座によって特徴はあるかと思いますが、いずれにせよ、**「生徒さんが参加しやすい」**レッ

スン形態で集客する必要があります。

ポイントは、「レッスン形態」ありきではなく**「あなたの理想の生徒さんが参加しやすいスタイル」でレッスンを構築する必要がある**という点です。

よくご相談を受ける中で「こういうレッスンにしたいと思っているのですが」というお話をいただきますが、その際に必ずご質問しているのが、**「あなたの理想の生徒さんはどのようなレッスン形態なら喜んでくださるのですか?」**ということ。

ここを意識して、レッスン形態をつくり、集客をしていくことが大切です。

以上3つのポイントをお伝えしてきましたが、この3つのポイントには共通点があります。

それは**「お客様像を先に決める」**ことです。

これなくしていろいろと企画を練っても集客しにくい。この点は押さえておいてほしいポイントだと感じています。

することを選ぶより、しないことを決断する勇気

「する決断よりもしない決断を」。

口で言うのは簡単だけど、とはいえ難しいよね、というのがみなさんの実情ではないでしょうか?

私もそうですが、たいてい「やりたいこと」は誰に何を言われたってやりたい時にはやってしまうものです。そして、興味が向くままに色々なことをやり続けてしまうと時間がなくなってしまう。そんな経験はみなさんも一度ぐらいはしているのではないかと思います。

ズバリ言うと、「しないこと」を選ぶのは勇気がいるものです。

なぜなら、そこには「しがらみ」という名の厄介な人間関係に費やす時間も入ってくるからです。特に年齢を重ねれば重ねるほどしがらみが増えるものです。

では、なぜ、気が進まないことに時間を費やしてしまうのでしょうか?

その1つの要因として「嫌われたくないから」という人間関係的な事情が入ってくるこ

とも少なからずあります。大人になればなるほどその荷物はどんどん重たいものになっていきます。

それに加えて「世間体」や「一般的な常識」という概念もあなたの時間を奪う要因になっています。

私の場合、ある意味ラッキーだったのは〝もともと選択ができる家庭環境ではなかった〟ことです。だから一般的な暮らしというものがどういうものかピンとくることもなく、ただただ、日々を生きることに必死でした。

お金がない、時間もない。学校の授業料を稼ぐためにアルバイトをしていましたから。その時に、いわゆる「水商売」といわれる夜の世界、スナックなどで働いたこともあります。

当時一緒に働いていた人で、「学費を稼ぐために」という理由でそこにいた人はいなかったのですが、実際に働いてみてわかったのは「水商売」は高度なヒアリングスキルと、コミュニケーション能力が必要な商売だということでした。

リピーターを獲得するために、こまめにお得意様に連絡をして、来店したらまた来たくなるような余韻でお見送りをする、それはまさにマーケティングそのもの。

柔和な笑顔と絶妙の気遣いで接客して、神経をすり減らすという夜の世界で働くのは、私には向いていないと思いましたので、学費に足りていない目標額を稼いだら3か月で辞めました。

それでもこの経験はとても貴重な経験だったと今なら思えます。おかげさまでどのように対話をすれば、一瞬でお客様の心を惹《ひ》きつけられるのかを現場で感じて実践することができたからです。

こんな経験も経たこともあり、私は基本的に人に対して感じる感覚はフラットです。その人の人間性を判断する時には、その人自身の本質を見るようにしています。

夜の商売をしたことで、私と初めて出会ったクライアントさんの過去が多少変わったものだったとしても、たいして驚かないマインドが身についたのも、この経験のおかげです。

みなさんが対人関係で苦しむ主な理由は「本当の自分をさらけ出せてないから」。自分の本心が「その人と一緒にいたくない」と思うなら、そこに行かなければいいし、仕事も「やりたくない仕事ならやらなければいい」のです。

ただし、生きるためには仕事をしなくてはいけない環境にある場合は、そちらを優先しなくてはいけない時期もあるでしょう。私が接している教室の先生のほとんどは「生きるために」というほど切迫した状態で教室を運営している方はごく少数だと感じています。

であれば、大抵自分がやりたいような選択をすることができるはずです。

そう、あなたには「選択できる自由」がある。

だからこそ、「する決断」よりも「しない決断」をすることが大事です。人生の残りの時間はあなたが想像しているよりもはるかに短くあっという間にその時が来てしまうかもしれません。その時期は誰にも想像できないのです。もちろん、私も、あなたにも。

「しない」という決断をすることができる女性は潔くそして凛々《りり》しい。私自身もいつでもそんな決断ができる女性でいられるように、「自分の心をシンプルに整理する」ことで、本当に大切なものを選び取りながら生きるように心がけています。

一度心を解き放って、あなたにとって本当に必要なモノは何なのか、自分に聞いてみるのもいいかもしれません。

第4章

オンライン時代の教室業のビジュアルマーケティング

1 コロナ禍以降のビジュアルマーケティングとは？

コロナ禍以前の時でも、私が教室業の先生にお伝えしていた**有力なSNSの集客ツール**がありました。

それは、**「動画（YouTube）」**です。

今でこそ、動画を自分で撮って配信することも、ハードルが高いと思われることはだいぶ少なくなりました。

しかし私が動画に取り組み始めた２０１１年ごろは、動画配信は一部の方が有益に使っているというツールだったのです。

ただ、その当時から私は動画の大いなる可能性を感じて取り組んでいましたし、他の先生がまだ動画を扱ってない時代に動画での配信をしていました。だから単純に目立ちましたし、みなさんに探されやすかったのです。**集客という観点から見たとしてもかなり有利に活用できていたツール**でした。

✻新時代の集客ツールのキーワードは「ライブ感」

それから時が流れて、コロナにより世の中のあらゆるサービスが強制的にオンラインに移行しました。

この流れによって、教室業の先生も意識しなくはならなくなったのが、**「ライブ感」と「オンラインでの双方向コミュニケーション」**です。

具体的にいうと、ネット集客の主戦場の2次元ツール（ブログ・ＨＰ）の活用とともに動画やライブ配信という新たなスキルで発信する必要性が出てきたのです。

逆にこのツールをうまく使いこなせている方は、地元密着対面でのレッスンしか行っていなかった時よりも、全国的に生徒さんを集めることができて集客の幅が広がった方もいらっしゃいます。

そして、オンラインのライブ感をうまく伝えていくうえで欠かせないのが、**ご自身の見え方をブランド統一すること。**

静止画（写真）では、きれいに着飾って自分の印象をよく見せることもできたかもしれませんが、動画、音声などの**「ライブ」においては、ありのままが配信されてしまいます。**

ですから、まずはあなた自身がどのような人として見られたいのか、というブランド統一を意識する必要があるのです。

✼ブランドの統一がビジュアルマーケティングの核

ブランドの統一は、SNS全メディアで行う必要があります。

なぜなら、**女性は一貫性のある発信を好む傾向**にあるからです。その全体の雰囲気を確認しやすい、動画、ライブにおいては特にどういう自分を伝えたいのかを自分で意識することが大切です。


例えば、私のビジュアルマーケティングの事例をお伝えします。


私は、自分の肩書きを**「飛常識な経営コンサルタント」**と名乗っています。

この言葉の中には、既成概念を外して常識にとらわれることなく、自由に自分の人生をクライアントさんに作って欲しいという思いから**「常識を超える」＝「飛常識」**という言葉を使って表現しています。

ということは、私は、見た目的にもあまりにも普通のセミナー講師としての姿だと逆に違和感がありますし、そんなに発想豊かな提案をしてくれるように見えませんよね？

そんなイメージから、私はファッショナブルなドレスを着てセミナーに登壇したり、音楽とビジネスセミナーを融合したセミナーパーティなども開催していました。

「飛常識」を表現することで、このような破天荒なコンサルタントが好き、未来がワクワクすると思ってくださる方が自然と引き寄せられてくるのです。

もちろん、私のケースは少し極端なケースかもしれませんが、これからの時代は間違いなく教室業の先生であっても先生ご自身のキャラクターを重視して講座を選ぶ方が増える傾向にあります。

そんな**お客様の視点を意識して、見た目だけではなくWEBサイトの好まれ方をトータルにブランディング構築**を考えるのが、オンライン時代の教室業のビジュアルマーケティングになります。

2

対面レッスンよりも見た目が重視される3つの理由

あなたは、第一印象は出会って数秒で決まる、というお話を聞いたことがあるかもしれません。心理学的には**「メラビアンの法則」**と呼ばれるものです。

「メラビアンの法則」とは、アメリカの心理学者であるバードメラビアンによって発表された心理学の法則です。別名「7-38-55ルール」とも言われています。

メラビアンは、人間は他人とコミュニケーションを取る時、言語・聴覚・視覚の3つの情報から相手を判断している、と仮定しました。

情報が相手に与える影響は、

① **言語：7%**
② **聴覚：38%**
③ **視覚：55%**

これが**「7-38-55ルール」**です。

対面レッスンでももちろん同様に感じられるものでもあると思いますが、私個人の肌感覚としては**オンラインレッスンで**は、この均衡がもっと「視覚」寄りになっているように感じています。

私のイメージでは

① **言語：5%**
② **聴覚：15%**
③ **視覚：80%**

くらいの感覚なのです。

対面に比べてオンラインが圧倒的に不利なのが、「空間や雰囲気」と「先生のたたずまい」や「ジェスチャーによるコミュニケーション」です。しかも画面の中の制約された画面の範囲で先生の印象を生徒さんは判断してしまいます。

ですから、**オンライン時代の先生の見た目**、というのは対面だった時よりもさらに重視されるように感じます。

✲ 対面よりオンラインのほうが、見た目が重視される3つの理由

メラビアンの法則で語られるように、人はほとんど視覚情報でその人の印象を決めています。オンラインではそれがさらに加速されるとお伝えしました。

では、なぜ見た目が重視されるのか、という点について少し解説したいと思います。

その理由として**生徒さんの目線からみた3つの要因**があります。

① 画面上だけのお付き合いで先生とコミュニケーションがとれるか**不安**

② 対面レッスンのように、横に人がいるという状況ではなく全員が正面を向いているという**緊張感**

③ 他の人の動きもいい意味でも悪い意味でも画面上ですべて見えてしまう**ストレス**

この要因のために、先生は**オンラインレッスンを回す司会者としての役割も担う必要が出て**きたのです。

コミュニケーションに不安を持っている生徒さんには笑顔で明るい雰囲気で接します。

対面の時よりも少し大げさなぐらいに表情や声に張りを持たせないと見えにくく、聞こえづらいので、画面上では良い印象が伝わりにくいです。

狭い画面の中でも最大限に**ジェスチャーなども使って理解を深めましょう。**そして、全員が正面を向いているということは先生もどのタイミングで見られても大丈夫な状態にした方がいいでしょう。

また、みなさんがわかりやすいようにカメラも2カメラ、3カメラ用意することもあるかもしれません。

レッスンに参加いただいている方の顔色や雰囲気もすべて画面上で確認できてしまうので、目の前にいない人、遠隔地にいる人を巻き込みながら会を進行するスキルも必要になるかもしれません。

以上のように、伝わることを前提に考えた場合ほとんどが見た目で判断されてしまうことが多いので先生は**「見られている」意識が対面時よりも**必要になりますのでオンラインレッスン運営時には気にとめるとよいと思います。

3

生徒さんの心をつかむ
ビジュアルを意識したＨＰの作り方

オンライン時代のＨＰは、**「あなたという先生を信頼してもらえること」**が成約率に関わる大きな要因になってきます。

ここでひとつ**「信用と信頼」**という言葉の意味の違いについてお伝えしたいと思います。そのことが実はこの時代のＨＰづくりにおいて大切なポイントが含まれているからなのです。

✼ 「信用」は実績、「信頼」は人柄に重きが置かれる

信用とは「1．確かなものと信じて受け入れること。2．それまでの行為・業績などから、信頼できると判断すること。また、世間が与える、そのような評価」のことを言います。

つまり、偽りのない言動が相手の求めるものにこたえる行動をした結果、信用がつくら

れるということになります。

「信用」はこれまでの行為や業績、すなわち実績や成果に対する評価から生まれるものです。その人自身に対する評価というよりも、その人の実績に重きを置いた評価と言えますね。

一方、**「信頼」はその人を評価するにあたり、その人自身の人柄や考え方、行動などに重きを置いた評価**です。

もちろん、これまでの実績なども考慮されるポイントになりますが、逆に信頼についていうと、過去の実績がなくても信頼されることもありえます。

このような視点から考えると、**「信用は客観的」**であり、**「信頼は主観的」**とも言えます。

新規で教室業を立ち上げる場合には、まだ実績はないので「信用」されにくいかもしれません。ただ、SNSなどの等身大の発信を通じて**「信頼」される可能性**は十分にあります。

✼ 生徒さんの心をつかむ、信頼されるHPの作り方

まだ実績が伴っていない新米の先生が信頼されるポイントは何だと思いますか？

前述でその方の言動や人柄が「信頼されるポイント」ということをお話しました。

では、具体的に、どのようなＨＰを作れば信頼されるのでしょうか？
外せない軸として、**「自己開示」**があげられます。
自己開示＝先生の人柄を判断するのに必要なコンテンツは3つです。

① 先生ご本人の**教室業への思い、考え方**
② **先生を推薦する生徒さん**、または影響力のある人の**声**
③ 先生の雰囲気がわかる**画像、動画**

この3点が信頼されるＨＰには欠かせない要素になります。

作成時のポイントについてお伝えします。

✽①先生ご本人の教室業への思い、考え方

こちらは一般的にはプロフィールという項目で表現されるものですが、学歴や職歴や表彰歴というプロフィールではありません。もちろん、こちらも記載していただいて構わないのですが、重きが置かれるのは「どのような気持ちで教室を運営しているのか、誰のためにお役に立ちたいと思っているのか」ということが熱く語られていること。**人は経歴に**

感動するのではなく、思想に共感します。

信頼は実績よりも共感から生まれることが多いので、ご自身の等身大をしっかり伝えることで嘘のない誠実な状態を見て、**「信頼＝お申し込み」**をいただくことにつながります。

❁ ②先生を推薦する生徒さん、または影響力のある人の声

Amazonなどの通販サイトでもご覧になったことがあると思います。**「購入者の感想・レビュー」**が**「お客様の声」**です。

あなたも購入前の商品の口コミはチェックしたことがあるのではないでしょうか？

まだ自分は開業していないから声がない、というご相談もよくいただきますが、こちらは、無料モニターでもよいのでサービスを試してもらって声を集めてもよいぐらいの大切なものです。友人、知人でもよいですが、できれば未来の生徒さんに近い理想の方のほうがよいので、可能であればご友人からご紹介などいただければベターです。また影響力のある方（自分より社会通念的に権威がある方）、恩師や、有識者などから**「推薦のお声」**をいただけるとあなたの信頼度がアップすることでしょう。

ポイントは、自分で自分を紹介するのではなく、第三者にあなたの特徴や長所を語って

いただくことで信頼されるようになります。

③先生の雰囲気がわかる画像、動画

もしかしたら新規開業の方については、こちらが一番のネックになることかもしれません。実際に現状ですでに教室をなさっている先生からも、「顔出ししなくてはいけませんか？」というご質問を多くいただくからです。

私の答えを先にお伝えします。

「**ビジネス**として教室業を行っていきたいのであれば、**顔出しは必須**」です。

ただし、例外があります。ビジネスでなくて趣味であれば、責任を負う必要がないので、顔出ししなくても大丈夫です。

自分が恥ずかしいから、という理由で顔出し無しなしということを選択するのであれば、それは**「お客様よりも自分を優先している」**ことになります。

なぜなら、お客様は2次元、バーチャルWEBの世界で、あなたが信用できる人物かを判断しなくてはなりません。

その際、本当のご自身の写真ではなく、キャラクターの似顔絵などだったらとしたらど

うでしょう？

その方にお金を振り込んでも大丈夫？とか考えませんか？

お客様を不安にさせてはいけません。あなたの恥ずかしさは二の次です。あなたがどういう人かを信じたうえで、お客様はサービスの対価としてお金を払うのです。

だとすると、あなたは信頼してもらえるように、自己開示の一環として「顔出し」は必須になってきます。

もちろん、その方のビジネス的な戦略として、「顔出し無し」で商売繁盛させている方もいらっしゃいますが、それはかなりレアケースです。やはり顔がよくわからない方に申し込みをしたり、振込みをするのは勇気がいるので、それだけでもかなり**成約率が下がります。**

✼遠方の生徒さんもかんたんに引き寄せてしまう動画の威力

顔出し無しは、集客に苦戦する要因の１つです。

逆に、写真だけではなく、動画までＨＰに掲載されているのであれば、信頼度はより親密になっていきます。

写真よりも動画はリアルに、先生の立ち居振る舞い、言動がわかるので教室に通い始めてからのミスマッチが減ります。

私の経験談をお伝えします。

私は開業当初から全国から生徒さんが通ってもらえるようなパン教室を目指して教室構築していました。

その中の施策として「YouTube動画１０００本」アップをしていたのです。

もともとは私のコンサルタントから言われて実行したことでしたが、この動画によって、私はかなり楽に、しかも全国的にお客様との信頼関係を築くことができました。

例えば、ある時には私の動画を６００本見てから教室にいらっしゃった方からは、こんなコメントをいただきました。

「やっとお会いできました!憧れの先生を生で見ることができて感動です！」と抱きつかれたのです。もちろん、私と彼女は初対面です。

それでも、動画でいつも私を見ていてくださったことで、初めてのレッスン当日でもすでに人間関係ができた状態でレッスンを和やかな雰囲気で行うことができました。

このような観点から考えてみても、**信頼関係構築に使うツールとしてはやはり動画は便利なツールだな**と感じています。

4 生徒さんの心をつかむSNS発信のコツ

教室業においてSNSの活用の方法は、人によって大きく異なります。それは、ビジネス全体設計の中のどの場所にそのSNSを置いて、どういう役割を持たせるか、で発信の頻度が使い方などまで変わってくるからです。

ただし、どのSNSツールであったとしても、「ビジュアル」という見た目の観点から考えると一般的な基準値があるので、こちらでは**各SNSの「見た目」をどのように整えるか**という観点からお話したいと思います。

✼ Instagram

Instagramも流行《はや》りだした頃から比べると、単純にきれいな写真をアップするだけではファン化が難しくなってきていると感じています。以前にくらべて簡単にはフォロワーがつかなくなってきているのです。

フォロワーが、誰をフォローするのかという基準の1つに**「写真がきれいであること」**は、写真メディアであるので以前と変わらず必要なことではあります。

そのうえで、さらに**「その人らしさやキャラクター」**を判断してファンになるという傾向からすると、より**「あなたらしさ」**が伝わる空気感のある写真で構成していくことが必要になっているのが昨今の傾向です。

✿ フェイスブック

以前よりは、あまり話題になりにくくなったSNSツールではありますが、ビジネス上では、まだまだ有効活用している方も多いツールです。

年齢層が40代～50代あたりがターゲットになる方を集客したい場合には、つながりやすいツールですね。私もよく活用しています。

ビジネスで活用している人も多いので、ビジネスの告知でタイムラインが埋め尽くされている方もいらっしゃいます。

しかしＦＢはあなたの個性や考え方を知ることでファンが増えていくツールなので、個人のタイムラインは、プライベート的な写真や思いなどを中心に伝える方がファン化しやすいです。

ふとした時に見つけた心が動いたものなどを写真に撮ってコメントと一緒にアップするとあなたの人柄が伝わりやすいですね。

私は出張も多かったので、各地でみた素敵な風景などは、やはり心が動かされるのでコメントとともに写真を一緒に掲載すると「一緒に旅しているみたいで、投稿楽しみにしているんです」というお声をいただくことも多々ありました。

しっかりしたビジネスのお役立ち情報はビジネス活用しやすい**個人ページの方ではなく「FBページ」を利用するほうがよい**でしょう。

✲ブログ

ブログは昔からある王道のSNS集客方法で、かつ、**「記事が増えれば増えるほど集客が楽になる」鉄板の集客方法**です。

なぜ記事が増えると集客が楽になるかというと、ブログは前述でご紹介したSNSとは違って1つひとつの記事がインターネット上に残っているので、お客様にとって記事そのものがあなたを見つける入り口になります。

将来的には Facebook も Instagram も各記事がネット上の検索の対象になるかもしれませんが、現状では、各記事は検索対象にならないので、**ブログの方が探される確率から言うと有利**なのです。

例えばブログは１０００記事書けば１０００個のあなたへつながる入り口を持つことになります。それはそのまま財産になります。

私の場合だと、ブログは各業種業態で分けて書いているので10年の事業で１万記事ぐらいあります。成果を見るとそれぐらいインパクトがあるブログなのですが、継続するのが難しいこともあり、なかなかみなさんが取り組みにくく、**成果が出るのに時間がかかる媒体**なのです。

さて、このブログの書き方も10年ぐらい見ていると、昔に比べて難易度が上がってきているのも事実です。

文章の書き方の詳細について語るとかなり細かい話になってしまうため、こちらではポイントだけお伝えします。

ブログの文章は、検索上では「お役立ち情報」「困りごとの解決策」であるブログの記事がお客様を呼び込むブログになります。文字数にしておよそ**３０００文字以上が**記事の長さの１つの基準です。

この文章の長さの場合、タイトルが大切なのはもちろんですが、**「読者さんにとって読みやすい工夫をする」**というのも大切なポイントになります。その際、改行・行間・写真を適度に入れ込むなどの配慮も行います。

それが、結果として生徒さんから共感を得てファン化につながります。

このような**「読み手に優しい記事を書く」**ということもビジュアルマーケティングの一環になります。

✲ YouTube

YouTubeも10年前に比べると、大きく進化したツールです。Googleやyahooだけではなく、YouTubeで問題解決策を検索するのも今では普通になりました。

しかも動画は文章に比べて、圧倒的にわかりやすいです。だから悩み事がある人が解決策を探すにはとても相性の良いツールです。

動画についても、以前とは大きく変わったビジュアル面でのポイントは

- **表紙になるサムネイル画像・・・インパクトのあるタイトルと文字のデザイン**
- **動画テロップや音楽・・・見やすく、わかりやすく楽しい**

という点です。

内容が良いことはもちろんですが、話し手が単に知識を話すだけでは人気チャンネルになりにくく、いわゆるTVチャンネルを見ているような感覚が動画にも求められるようになってきたのが最近の傾向です。

ということは、作る側からすると以前に比べて手間もかかるけれど、**感謝される内容であれば「ファン化」しやすい**のです。

動画もブログと同様に**「溜《た》まるメディア」**なので、視聴者に役にたつ情報発信の動画であれば検索されてあなたの動画に人が集まります。ちなみに私は一時期動画を大量に作成したこともあり、それが今でも検索される要素をして残っていますので8000本近い動画が入り口として存在しています。

この動画から、私が集客をしていなくて、視聴者（未来の生徒さん）から**問い合わせ**が入り対面オンラインで少しだけお話をしてそのまま**成約**になることもあります。

そういう点では動画は**長期的な集客では欠かせないツール**になっています。

このように、SNSとビジュアルマーケティングは非常に密接な関係があり、かつ今の時代はこのSNSをどのようにうまくあなたのお客様に届けるかというのもとても大切なポイントになっているのです。【図表5】

図表5

＜各SNS発信のコツ＞

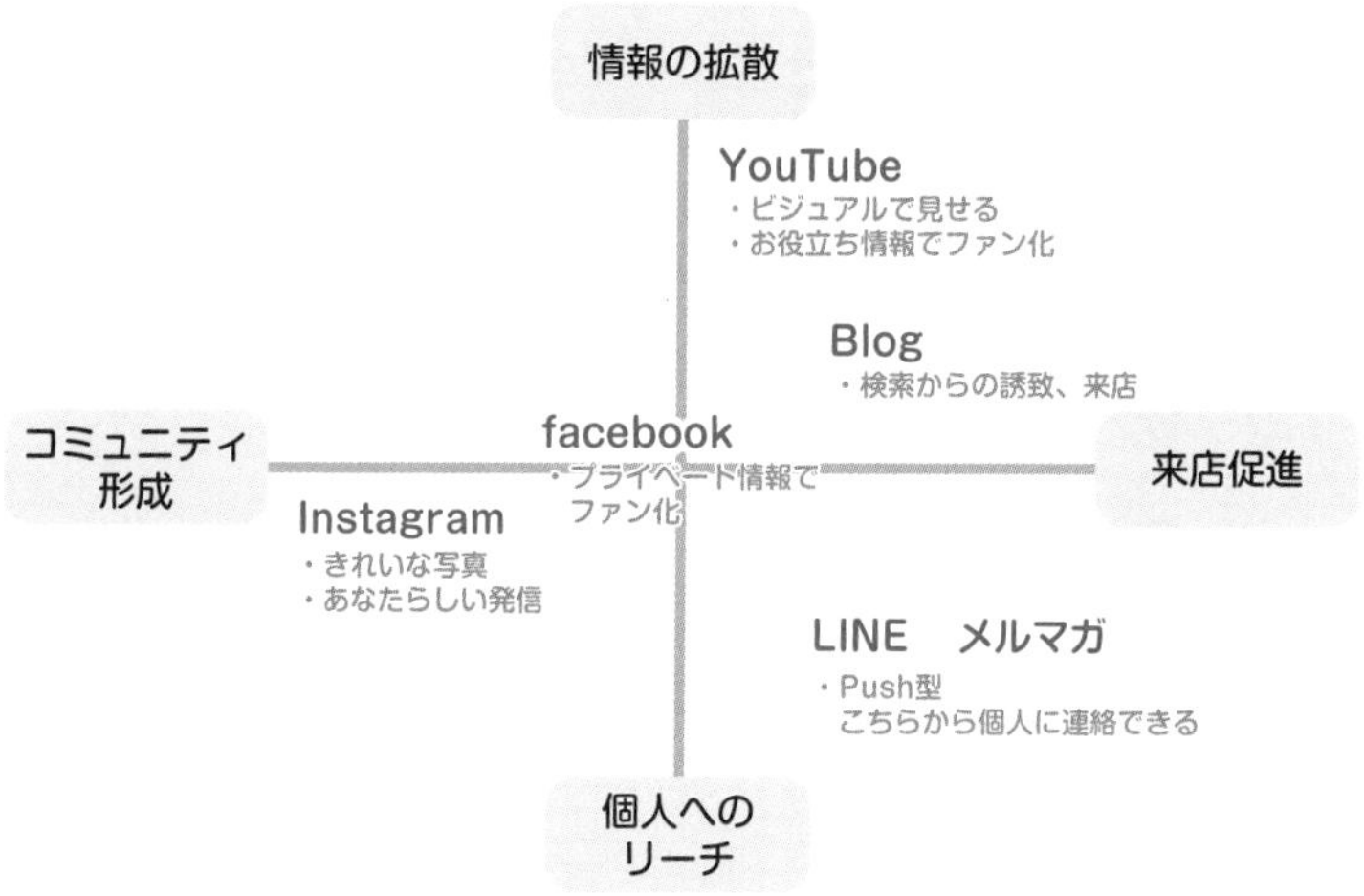

＜お客様との関係性のつくり方＞

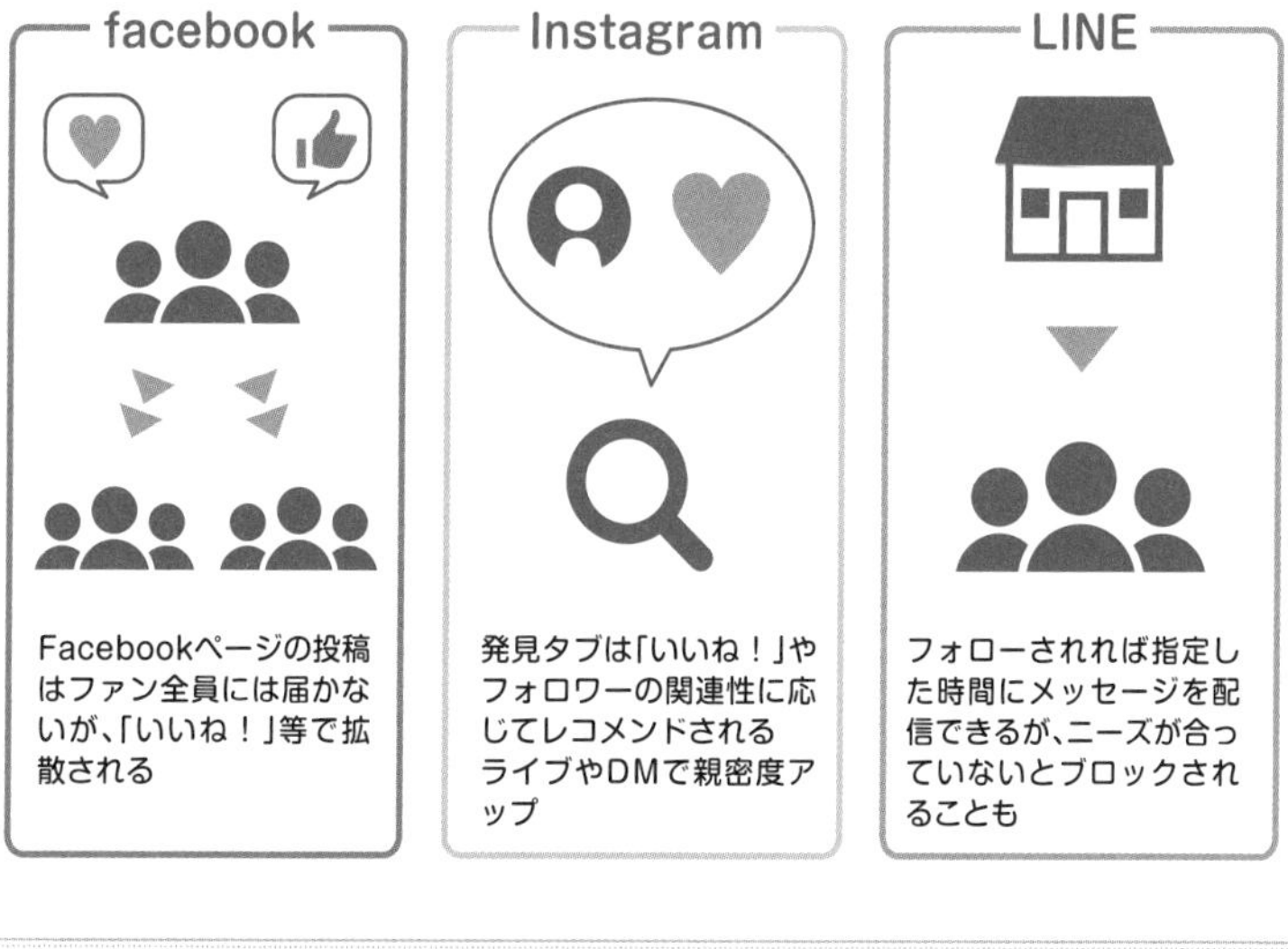

5 生徒さんの心をつかむ動画の作り方のコツ

ここ数年、動画サイトの盛り上がりが非常に大きくなってきています。動画の一番のポイントは、**「瞬時に信頼構築できる」**ことです。伝えられる情報量は文章の50倍とも言われています。静止画よりも、あなたのキャラクターや熱意や雰囲気が伝わりやすいのが動画です。

以前から私は動画の可能性を感じていて活用をしてきましたが、さらにこれからの時代には**必須の集客ツール**になることは間違えありません。

この機会にぜひマスターしていただきたいなと思っています。

こちらでは、動画の細かい制作方法をお伝えするというよりは、**「どの方向に向かって動画を作成する企画を作ったらいいのか」**と言う点をビジュアルマーケティングという切り口からお伝えしたいと思います。

✲動画の種類はノウハウ系か、コミュニケーション・エンタメ系か

まず、あなたのお客様にとって**「役に立つもの・喜ばれるもの」**をテーマにしたいですね。

役に立つものはノウハウ系が多いですが、単に方法論をお話するだけではオリジナリティがありません。あるノウハウがある場合に、その事実に基づいて自分の意見、見解があるからリスナーの方は興味を持って聞いてくださりあなたのファンになります。

業界の特性でマニアックなサービスを扱う場合には、百科事典的な解説だけでもお客様に喜ばれる可能性がありますが、今の時流は**「何を習うかよりも誰に習うか」**が重要視されます。

だとすると個性あふれる独自の見解を伝えてくれる動画&チャンネルが人気になるのも理解できると思います。

では、必ずしも専門知識を中心に伝えなくてはならないかというと、そうでもありません。愛されるキャラクターとして、**「あなたの個性が伝わる動画」**というのもぜひ取り入れていただきたいのです。

私は、教室集客コンサルタントとしてさまざまなノウハウを解説する動画を大量に制作

していますが、統計をとっていると、必ずしもノウハウタイプの動画の再生回数が多いわけではないのです。

✲共感の時代には「心に響く動画」が好まれる

では、私の動画人気ランキングで、ノウハウタイプではないとしたら、どんな動画が人気だと思いますか？

実は、私の動画では、どちらかというと教室の先生のメンタルを整えるお話**「マインドアップ」の動画のほうが人気**なのです。

ですので、私の動画の5割以上は、教室の先生が悩むことへの解決策としてのマインドの整え方、考え方をお伝えしていることが多いのです。

もちろんノウハウもお伝えしています。

それでも結果として、コンサル契約など高額な講座をお申し込みいただく方は、事前に動画やメルマガをたくさん視聴してからお申し込みいただくケースが多いのです。

特に、マインド面でのお話に共感したという方がとても多いです。

このような**信頼構築のうえで強力な武器になるのが動画**です。

そして、動画を作るなら、顔を出してきちんと画面の向こうにいる未来のクライアントさんに語るような動画が効果が高いです。

ビジュアル（見た目）という点では、当然好感度が高いほうがいいですよね？

笑顔が明るい、ハキハキしている、印象や雰囲気が楽しそうなど、動画から伝わるあなたの印象はとてもたくさんあります。

「人は見た目が9割」という言葉もありますが、まさに動画はその人の人柄がそのまま伝わる強力なツールでもあります。

5Gの時代になり、動画を見る環境も整いました。これからの教室の先生は、直接対面で会う以上のインパクトを与える動画を教えることは必須のスキルになっていきます。

雰囲気や印象を整えることにも注目しながら、お話する内容は、ノウハウや、ご自身の思いなども含めて整えていくと、お客様の「心に響く」動画になっていきます。

自分が話したいことだけを話すのではなく、**お客様が「聞きたいこと」を中心に話していくのも大切なポイント**です。

column

タカハシタカコの生き方は〝ガテン系エレガント〟

「ガテン」という言葉はどれぐらいの方がご存知でしょうか?もしかしたら今の若い人は「?」な言葉かもしれません。逆に私と同世代の方なら「ガテン」という言葉は、どんな意味合いなのかわかると思います。ガテン系とは１９９０年代の流行り言葉です。

私の生き様を語る上で、この「ガテン」と言う言葉は重要なキーワードになるので、少し解説させてください。

ガテン系とはリクルート出版から出ている就職情報誌『ガテン』からきた言葉で、『ガテン』が対象としている土木・建築・ドライバー・メカニック・調理師など技術職や現業職及びそれらに従事する人を意味する情報誌『ガテン』は１９９１年に創刊。引用元：ガテン系（がてんけい）－日本俗語辞書もともと、求人情報誌の「ガテン」から来ている言葉です。またこの「ガテン」は職人さんが使う言葉「合点・がてん・がってんだ」も意味しているようです。また、「合点のいく＝わかった・承知した・理解した・同意した・納得した」という意味合いから、【イメージや流行ではない職業の選択、自分自身の価値観にあった〝合点のいく〟生き方を提案してきた仕事情報誌】がガテンなのです。

そして、この言葉を引用して、私が自分自身の活動を「ガテン系エレガント」と称している背景をお伝えしますね。

私は、個人のブランド形成を「ビジュアルブランディング」という観点から提唱していることもあって、自分自身の見せ方も、これから私のコンサルティングを受けたいと思う方にとって「どのような見え方・魅せ方」をしたらいいのかを考えながら各種SNSで発信しています。

キレイめ、華やかなファッションや雰囲気を感じてもらえるように振る舞っているのは、私の未来のクライアントさんに「明るい未来」や「玉手箱のような楽しさ」を感じてもらいたいからです。実際に、クライアントさんやファンの方から、私の発信やファッションも楽しみにしているコメントをいただいています。

こんな風に振る舞っていると、「セレブ」と勘違いされることも増えてきたので、そんなことないですよ、ということで、「ガテン系」という言葉を私の肩書の枕詞にしてみたのです。

私が自分自身を「ガテン系」と呼ぶのは、実際に「新聞奨学生」として「新聞配達をして学費を作ったこと」がまさに「ガテン系なお仕事」をしていた過去があったからです。家が裕福でもなく、それこそ「裸一貫」からでも仕事は作れるということを実証したくてこの名前で活動しています。

インテリアコーディネーターという仕事も経験していますが、こちもまさに「ガテン系」ですね。インテリアコーディネーターというお仕事は、見た目は「インテリアを扱う、キレイめな職業」に見えますが、実際には、建築現場で職人さんと施主さんの思いを伝える通訳として存在しているのでメチャメチャ泥臭いお仕事です。

　私は、このような泥臭い仕事の経験はあるものの、女性はキレイなモノ、可愛いものが好きということを知っているので、「明るい未来な姿」を見せるなら「エレガント系」がよいと思ったのです。

　だから、私の生き方は「ガテン系エレガント」。

　この生き方は、当時の職業情報誌ガテンが目指した「イメージや流行ではない職業の選択、自分自身の価値観にあった〝合点のいく〟生き方を提案する」という姿そのものを体現していて、今の時代だからこそむしろ合っていると思っているぐらいです。

　これからの女性の生き方は単なるエレガントよりも、「ガテン系エレガント」の方がむしろカッコいいと言われる時代になったんじゃないかなと、個人的には感じています。

第5章

オンライン集客
成果が出やすいビデオ会議ツール
Zoom

1

教室業におけるZoom活用　3つのコツ

2020年のコロナ禍をきっかけに一気にブレイクしたテレビ会議システム**「Zoom」**。個人事業主やスモールビジネスのオーナーは元々活用していた方も多かったのですが、この時以降に一気に利用人口が増えたのです。

もちろん、教室の先生も活用される方が増えました。

とはいえ、**教室業の先生の活用方法**は単なる「テレビ会議システム」レベルの活用とは異なる**「実習・実践型の活用」が必要になるケースが多い**です。これが教室業でのZoom活用の特徴です。

第5章では、**オンライン集客で成果が出やすいツールの1つである「Zoom」**について解説したいと思います。

✼教室業のZoom活用　3つのシーン

教室業でのZoomの活用範囲はとても広いと思います。そして、2020年以降必須のスキルになったことは間違いないです。

2020年初めての緊急事態発令当時、私自身も私のクライアントさんである教室の先生と共に、どのようにZoomを教室業に使えばいいのかを試行錯誤しながら運用しました。

そして現在に至るまでたくさんの活用事例を体験しています。

そこからわかった活用法を3つのシーン別にあなたにお伝えしたいと思います。

① **集客への活用**：本コース前の説明会や体験会での活用
② **成約への活用**：個別相談などで1：1での面談やパーソナルレッスンでの活用
③ **リアルレッスン以外の活用**：録画機能を使って、ビデオ学習動画の作成

などいくつか特徴的な使い方があります。

次項から、こちらを解説していきます。

2

Zoomで実現する効果的な集客法

教室業におけるZoomの活用範囲はとても広いと感じています。

そして、シーン別のZoomの使い方をお伝えしたいと思います。

最初にお伝えするのは**「集客」のシーンでの活用法。**

教室集客のシーンでZoomを活用できるのは、**「信頼構築」**をする時です。

生徒さんが講座をお申し込みする時に、検討する事項はいろいろあります。

例えば価格とか、レッスン内容とか、先生の評判など、さまざまな要因から講座全体をチェックしています。

その際に、比較的大きな要素を占めるのは**「先生のお人柄」**です。

単純にその先生に習うのは楽しそうか、自分と相性が良さそうか、そんな観点でも先生をチェックしたいのです。

その時に役に立つのは、**実際に動いている先生とリアルタイムでお話ができる**こと＝双方向のコニュニケーションです。

この時に使いやすいのがZoomなのです。

ただでさえ、パソコンが苦手な先生が多い中、さらに一般の生徒さんはもっと苦手な方が多い中で、Zoomは招待用URLを伝えるだけで、かんたんにつながれるというのは、画期的な仕組みだったと記憶しています。

これにより、オンライン上でかんたんに先生のキャラクターや講座の進め方をみてもらえる**「体験会」や、「本講座の説明会」への活用**ができるようになりました。

✤オンラインZoom体験会の大きなメリット

生徒さんが思う「どんな先生に習えるのだろうか?」という不安を払拭するうえでも、リアルタイムでのオンライン体験会は大きなメリットがあります。対面で現地にわざわざ行くのと違って、現地に行かなくてもオンライン上で先生と直接お話ができるので、生徒さん側からすると気軽に参加しやすいのです。

つまり、**気軽＝参加しやすい＝集客しやすい**、という図式にもつながります。

Zoomが普及してから、地元密着で集客するのが常識だった教室業においても大きな変革となりました。**オンラインZoomは商圏を全国に広げることができます。**

また、業種によっては、全世界が商圏になるのでそういった意味では全世界に通用するスキルを持っている先生にとっては逆に**「認知度」が上がる大きなチャンス**となりました。

実際に私のクライアント様の事例で、ズームレッスンにイギリス、オーストラリア、中国、イギリスなどの現地在住日本人の方にご参加をいただいた報告も受けています。

検索で探されて、「このレッスンに参加したい！」と思える内容になっているのであれば**対象商圏が全世界**になるのは、**教室の先生にとっては大きな転機とチャンス**になったはずです。

✲商圏が全国になることによるデメリット

前述で「商圏が全国になる」ということは、教室業の集客の歴史においてインパクトの大きな変化で、かつ大きなチャンスになるということをお伝えしました。

ところが、**実は、この変化には裏のデメリットも存在します。**

それは、**「全国区での同種教室の競争激化」**です。

全国区で集客できるということはメリットだけのように感じるかもしれませんが、逆に地元だけで集客していた方がオンラインの土俵に乗った瞬間に「全国的に」同列で並べられて評価されるようになってしまうのです。

要するに、**「地元で人気の教室でも、全国では通用しない」という残念な状態**になるのです。

生徒さんは、オンライン上で単純に自分の欲求を満たしてくれる教室を横並びで検索します。その候補に載ってこない場合にはまず、選択肢として認知されない。

ですので、まずは**オンライン上で「選択される土俵」に上がっておかないといけない**のが**1つ目のポイント**です。

2つ目のポイントは、**「教室比較された後に選ばれること」**です。

スキルが浅い先生よりも、「スキルや経験がある先生」のほうが選ばれる可能性が高いのは理解できると思います。

ところが逆にスキルや経験がある先生でも、オンライン上に露出していない場合には未来の生徒さんの選択肢に入らない。

ということは、**逆にこれから開業する方にも大いに集客のチャンスがある**ということなのです。

そして、一気に未来の生徒さんとの距離を縮めることができる**「Zoom」は集客に使わない手はない便利なツール**だと思います。

3 Zoomで実現する効果的な成約法

それでは、今度は**Zoomを「成約」に活用するシーン**を見てみましょう。

生徒さんが1つの講座を申し込むプロセスは**「集客」と「成約」**に分かれています。

特に重要なプロセスが「成約」です。この重要なシーンにおいて1：1のパーソナルな空間を作ることができる**「Zoom面談」は成約に効果的**です。

相手の方も人目を気にすることなく、自分にとって一番都合がいい場所と時間で先生にじっくり話を聞くことができます。実は、この状態を作れるようになってから、よく売れるようになった講座は**「高額講座」**です。

対面の時よりも**「個別対応」**が行いやすくなったため、よりきめ細かくお客様の悩みを伺ったり、丁寧に疑問点などを解消するお話がやりやすくなりました。

結果として、「不安疑問が解消されないと成約しない」という特徴を持つ「高額講座」が決まりやすくなったのも納得できる事象だと思います。

✼ 高額講座とパーソナルレッスンの共通点

高額講座とパーソナルレッスン、どちらにも共通しているトレンドがあります。

それは、**「カスタマイズ」**です。

お一人おひとりに合わせた「自分だけの講座」というのがオンラインでは展開しやすくなったため、より「カスタマイズ」された講座が人気になっています。

私はコンサルティング業を行っていますが、コンサル業はもともと、お一人おひとりの状況に合わせてアドバイスをしていくため、もともと「個別感」が強い性質の業態でした。


教室業もオンライン化によって、もともとはそんなに**「個別感」**がある業態ではなかったのですが「パーソナルレッスン」に代表されるように、自宅で先生を独り占めできる特別感が今のトレンドに合っているように感じています。

成約のシーンで有効活用できるZoomは、その**「個別感」を上手に活用すると比較的楽に高額講座も成約できる強力なツールに**もなるので、ぜひ活用していただきたいと思います。

4 Zoomで実現するリアルレッスン以外の活用法

Zoomの録画機能は、**教室の先生とって気軽に活用できるチュートリアル教材作成ツールだ**と思っています。私もよく使っていますので、実際の活用事例をお伝えします。

まず、Zoomの録画機能で便利なのは、**「画面共有」**という実際のパソコンの特定のファイルや画像などを映し出しながら相手に見せる機能です。こちらは共有している時に自分の顔が小さく一角に映っているので、特に2つの動画（ファイルの解説画面と自分の顔の画面）を**動画編集ソフトで編集することなく作成できるの**です。パソコンが苦手な先生には嬉《うれ》しい機能だと思います。

私の活用は、セミナー開講時パワーポイントで作成した資料を映しながら、自分が解説している顔を同時録画するのに使っています。これは後で、動画の編集をする手間が省けるので便利です。クオリティが高く動画を作成することができれば、その動画を当日リアルで参加できなかった方にも、**セミナー料金と同額で販売することができます。**

これにより、収益は逃していた分もきちんと取りこむことができて**収益が倍**になった事もあります。

私のクライアントさんの先生は、レシピを映したり、完成したきれいなお料理写真を写しながら説明するのに使っています。こちらも私のケースと同様に、当日のレッスンのクオリティが高ければ、リアルで販売できます。

また、事前に収録した動画を映し出しながら解説する動画を作りリアルレッスンで併用しながら活用している先生もいらっしゃいます。

Zoomを活用するとかなりいろいろな利用方法があるので、**あなたの業種業態に合った活用法**を考えてみてください。

ちなみに、この動画を録画する場合で販売配布したい場合は、録画方法「クラウドレコーディング」というクラウドにアップロードする機能よりも、**「ローカルレコーディング」**といってご自身のパソコンに記録する方法のほうが画質がきれいなので、「ローカルレコーディング」がおすすめです。

夢が叶う人と叶わない人のたった1つの違い

コンサルタントという職業をやっていると、

「成功する人としない人の違いは何ですか？」という質問をされることがあります。

結論から言うと【諦めないこと】に尽きるかなと思います。

〝たったそれだけでうまくいくんですか？〟

とおっしゃる方もいらっしゃるのですが、不思議なことにそういう方に限って、継続した結果である成功体験をお持ちではない方が多いなと感じています。それぐらい「継続する、諦めない」ことは難しいことだと思っています。

私は今までに望んでいた夢をほとんど叶えてきています。

これは決して自慢というわけではなく、私自身は実体験をしているのでその感覚をお伝えしたいのです。

私は、今までに家を買ったり、会社を興して自分で好きな仕事をしたり、本を書いて作家になったり、写真を撮って写真展を開いたりしてきました。最近で言うと音楽をやったこともなかったのに49歳でサックスを吹き始めてライブツアーもやってしまう、なんてこともしています。全部私がやりたいように人生を謳歌しています。

もちろん、その私の自由な活動を支え、協力、応援してくださっている方への感謝もあってのお話です。

しかしながら、その夢を叶えるためのお金が最初からあったらからできたのではありません。むしろいつもゼロからのスタートでした。がむしゃらに自分で自分の居場所を作り、お金を稼いで、時間を作り、叶えてきた夢でした。

夢を叶えることができない人はたいてい「諦める」か「忘れてしまう」のどちらかで夢が叶わないことになっています。

私が一番長くかかった夢の実現は「母親をパリに連れて行くこと」でした。

その期間は、なんと25年越し。

最初の就職の旅行会社勤めた時に決めたのは、育ててくれた母へ恩返しと「フランス・

パリ旅行」。「ベルサイユ宮殿と凱旋門《がいせんもん》を見たい」と言っていた母を私の案内で連れて行きたかったのです。

2人のタイミングがなかなか合いませんでした。

しかし、「その時」はあるときスルリと絶妙なタイミングで訪れて、念願の、そして、もしかしたら最初で最後かもしれない母と娘の海外旅行が叶いました。

もちろん、私も毎年ずっとそのことを覚えていたわけではありません。それでもどこか心の片隅に残っていて、その時が来た時に「あ、今なら母を連れて行ける」と旅行を実現させたのでした。

この話は1つの例かもしれません。それでも、どうでしょう？

あなたがもしも、25年ぐらい思い続けていつか実現しようと思っていることがあるなら、25年後には叶っているような気がしませんか？

そして、もう1つ、数十年越しの願いを叶えたことがあります。それは、21年前に夫と共有名義で購入したマンションのフルリノベーションです。

私はもともとインテリアコーディネーターの経験があったので、新築マンションを購入する時に「数十年後には全面改築しやすい間取り」を選んで購入していました。

その願いどおり、50を超えて残りのライフスタイルに合わせた暮らしやすい間取りに全面改築することを実行できたのです。


そのきっかけは「コロナ」でした。

世間の流れと同様に、全国を当たり前にセミナーや講演会などで飛び回っていた生活が一変。自宅でオンラインセミナーやクライアント様とのセッションを行うことが増えたので「快適に自宅で仕事ができるように」と比重を変えたのがきっかけでした。


コロナ禍により、クライアント様を自宅サロンに招く頻度も減ったこともあり、まさに全面改装するにはナイスタイミングがやってきたのです。

このフルリノベーションも、気負って決めたタイミングではなく、「いつか全面改装を」を思っていたから、「今だ」と決意した時に軽やかに、スルッと行動したのです。


このように、チャンスやタイミングはあるとき突然に来るものです。

そして、そのタイミングは、「あなたが叶えたい願いを忘れていない」ことが前提です。

そして、この考え方は、当たり前のように「成功」もあなたに引き寄せます。

そして、私はクライアント様によくお伝えしている言葉があります。それは、「人ができることは、同じ人間である自分にできないことではない」ということ。
私は、本気で「人ができることなら自分もできる」と信じています。それが何年もかかることかもしれないけど、諦めない限り必ず叶うと信じている。

それがきっと「成功する人としない人の違い」、すなわち「夢が叶う人と叶わない人」のたった1つの違いなのではないかと思っています。

だとすると、夢を叶えるということはそんなに難しくない。

ずっと忘れないで想い続けること、そしてその夢に向かって少しでも動いていれば必ず叶うと信じて動いてみてください。
やりたいことを全て叶えてきた私の体験から、あなたに前に進むためのパワーを贈りたいと思います。

第6章

オンライン集客
成果が出やすい動画配信ツール
YouTube

1

教室業における YouTube 活用　使い方のコツ

2020年のコロナ禍をきっかけに勢いを増したのが**「YouTube」**です。私はパン教室開業の2011年の起業当初から動画には注目していたので、おそらく一般的な方よりは早い段階で動画を活用していたと思います。

コロナ禍により、外出が制限され、ネットを活用する頻度が上がり、生徒さんが見るメディアとしての**動画の人気が上がったのも大きな時代の流れ**でした。

もちろん、視聴する方が増えるということは、そのまま集客に直結する喜ばしいイベントでもあります。

ただ、必ずしも嬉しいことばかりでもありません。

動画を扱う人が増えたということは単純にライバルが増えるということになります。

今まで自分のYouTubeチャンネルを見てくれていた視聴者の方も、その時間を芸能人や有名人もこぞって参入してきたYouTubeチャンネルを見るのにシフトしていきます。

結果、有名人や、ライバルの教室の先生のチャンネルとの視聴者の時間の取り合いになるのです。

今まで動画もやったことない教室の先生たちが、一気に動画を始めたのも大きな変化でした。一種の動画フィーバーと言っても過言ではない状態になったが現状です。

このような時代において**教室業の先生が動画をどのように活用したらよいのか**をお伝えしたいと思います。

✲教室業のYouTube活用　3つシーン

まず、教室業においてYouTubeを活用する場合、大きく分けると以下の3つのシーンに分かれます。

① **集客への活用**：SEO対策により検索されてHPやLINEに誘導する
② **成約への活用**：講座への不安を払拭して成約率をアップする
③ **リピート（顧客維持）への活用**：より親密なコミュニケーションのため

という3つの活用です。【図表6】
まずは、私自身の教室開業当初の動画の成功経験談も、みなさんに少しだけお伝えした

図表6

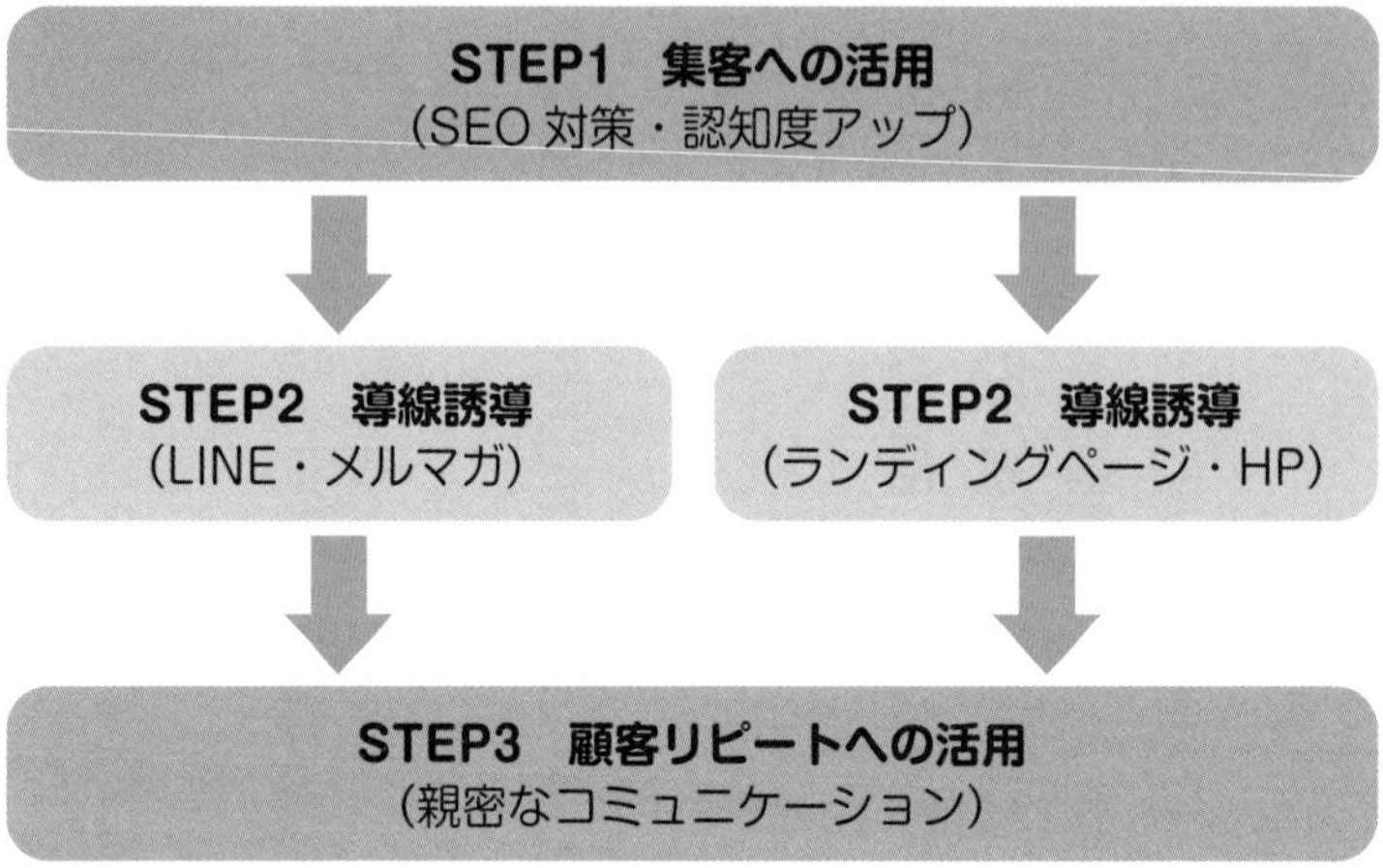

いと思います。

私は、**開業当初の頃から動画は集客・成約ツールとして使っていました。**

そのきっかけは、私がお世話になったコンサルタントの先生が「動画」をツールとして集客戦略を組むことを推奨される方だったからです。

今でも覚えていますが、初めてお世話になった年に〝髙橋さん、1年で1000本の動画をアップしてください〟をサラリと言われて、アドバイスを素直に聞くことにしました。疑うこともなく言われたとおりに、必死に**1年で1000本以上の動画をアップ**した記憶があります。

やってみたことがある方は共感していただけると思いますが、1000本を1年で達成するには1日3本必達です。お休みしたければどこかの日にその分を余分に撮らないといけないのです。これはなかなか大変なチャレンジでした。

そして実はあとで分かったことなのですが、コンサルタントの先生がおっしゃるには、アドバイスを、本当に実践する方は1％レベルだったらしいです。私はその1％の人だった、ということでした。

だから当時教室の先生がほとんどYouTube動画をやっていなかった時に露出のインパクトがとても大きく、検索で動画にたどり着き、動画からHPを見てもらい、そして**自動的に成約するというルート**を持っていることができていたのです。

そして、もしかしたらあなたは、YouTubeの投稿は、「今からだともう遅い？」と思われるかもしれませんが、大丈夫です。

なぜなら、私のコンサルタントが言うように、教室の先生が1年で1000本作る方は、1％よりも低いからです。**認知に使うツールで**あればYouTubeは今からでも全然遅くない、そしてそれぐらい効果があるツールであるということをお伝えしたいと思います。

✻ 教室業の YouTube 動画を作るうえで、絶対に知っていて欲しいこと

そして、あなたには **YouTube 動画の特質**として、ぜひ1つ理解していてほしいことがあります。それは、**YouTube 動画は、「溜まるメディア」**であるということです。

YouTube 動画とブログは両方とも「溜まるメディア」です。

つまり、ネット上にアップすればするほど、その1本1本がすべてあなたのサービスを認知してもらう入り口につながります。その効果は適切なキーワードをきちんと設定していれば何年でも続きます。

例えば、私は4000本近く動画を上げていますが、私のパン教室の動画を見て、教室を閉鎖してから4年以上経つ今でも、普通に予約お問合せが入るのです。

つまり、作れば作るほどメインサイトにたどり着く入り口が増えて**「自動的に集客できる」体質**になっていくのです。YouTube は年数を重ねるほどに集客が楽になる素晴らしいツールなのです。

逆にFBやInstagram、Twitter は**「流れるメディア」**なので、役割は**「拡散」**に向いています。ですから**「溜まるメディア」を作り、それを「流れるメディア」で拡散するのが効率良い**のです。この役割をわかってSNSは使い分けたほうがいいですね。

2 YouTubeで実現する効果的な集客法

教室業でYouTubeを集客に使うなら次の2つを中心に考えると良いと思います。

①**大量投稿**：短くてもよいので、本数を多くして露出を高めて認知をしてもらう。

②**誘導投稿**：YouTube動画をきっかけに、自分が誘導したいメディアに流れをつなぐ。

この2点です。

それぞれに動画の作り方が異なりますので以下解説をしたいと思います。

①大量投稿の動画は、あなたの認知度を高めるために使う

大量投稿のポイントは、**「認知度アップ」**です。

よって、**必要な数は、業界内での「相対評価」**になっていきます。

では今の時代はどれぐらいの数が、〝大量投稿した〟ということになるのでしょうか？

例えば、私が大量投稿１年に１０００本の動画にチャレンジした時には、まだ他の教室

の先生はほとんど動画の大量投稿にチャレンジしていない時代でした。そしてYouTuberという職業の人も数人しかいない、芸能人も本格的にYouTubeには参入していない、そんな時代です。この時代であればパン教室に通いたい人が**「キーワード」**を打ち込むことで私の動画にたどり着くのはそこまで難しいことではありませんでした。

もちろん、今でも**キーワードの選定は最重要ポイント**といっても過言ではありません。

では、あなたの未来のお客様はどのようなキーワードであなたの動画にたどり着くことができるでしょうか？　少し考えてみてください。

答えは、**「お客様の悩みごとを先回りした回答」**です。

お悩み解決動画は探されやすいのです。

例えば、私のパン教室の時代の人気動画は「パンづくりコツ　こね不足とこね過ぎ」でした。シンプルに悩みがある人が検索しそうな言葉が、そのままタイトルになっていますよね？

お客様の行動パターンは、このような感じになります。

①困ったことができた↓②困りごとを検索キーワードとして検索サイトに打ち込む↓③キーワードに対する解決策が期待できるタイトルのサイトが並ぶ↓④解決できそうなWEBサイトをクリックする。

Google や yahoo や Safari などの検索エンジンで探す場合もあれば、Instagram 内をハッシュタグで探す場合もあるでしょう。

このような状況において、**もともと動画は比較的上位に掲載されやすい性質を持っている**ので、タイトルが適切なものであれば、新規で開業した人であっても上位に表示される可能性があるのです。

✲ 教室業における大量投稿の目標数値

上位に表示されれば必然的に、クリックして動画を見てもらえる確率が高くなり、動画を見て「信頼できる」と思われれば、動画の詳細欄に記載してあるページやメルマガや LINE などに登録する確率が高くなります。

上記の流れから、大量投稿することで認知度がアップする流れは理解していただけると思います。要は、**「あなたに出会う入り口を増やすことになる」**ということです。

肝心な目標数ですが、昔よりも動画をアップする先生も増えたものの、大量投稿の領域になるとやっている人はまだ少ないと感じています。

なぜなら、大量投稿は根気もいるし、時間もかかるからです。

だからこそこの領域にチャンスを感じる方には、ぜひファーストステップとしての**100本、それから積み上げて1000本**を目指してください。まだ業界内のインパクトはあると思います。

ただし、注意するポイントは**「探されるタイトル」**であること。

これを外すといくら大量に動画をアップしても探されないので集客につながりません。

この点だけは押さえておいてください。

②誘導投稿の動画は、あなたが「誘導したい場所に導く」ために使う

誘導投稿の代表的な例は、**「レッスン誘致」**に使う動画です。

あなたの人柄やレッスン風景を動画でわかりやすく伝えます。この動画によって、単に文字情報だけで判断するよりも動画を見ることで、数倍も成約率が上がります。

レッスンにダイレクトに誘致したい場合には、動画でお伝えするのは、来ていただきたい**レッスンのポイントになるものを「わかりやすく短く紹介」**することです。

長さ的には**3分～5分程度**で構いません。

いいなと思ってもらって実際に来ていただくきっかけの行動の後押しをするのに使いま

す。使われるシーンは、集客募集用のLP（ランディングページ）の最後のほう、またはSNSで使われる簡単な告知文章と共に使うのが効果的です。

視聴者＝未来の生徒さんの興味に合わせて動画を作ります。自分が伝えたいことよりも**「興味を持ってもらえること」を中心に動画のストーリーを決めます。**

✼もしも私がパンのレッスン誘致に動画を使うなら

例えば、私が今でもパン教室の先生をやっていて、新作のパンレッスンに来てほしい、と思ったとします。

その時には、告知の内容を決めるために**「誰に、何を、どうやって」**伝えるかを最初に考えるようにしています。

ものすごく珍しい配合の新素材を使ったオリジナルデザインのパンレッスンだったとしたら、「新感覚の食感！　今までのパンの常識を一新する新しい味を誰よりも先に体験したいあなたにおすすめ」といった告知文章を作るかもしれません。

そのうえで、そのパンがどんな過程で生まれたか、そんなストーリーを語り「作ってみたい！」「食べたい！」という方に興味を持ってもらえる動画構成をすると思います。

リアルに実物のパンを見せることも、あなた自身のキャラクターを見せることも動画なら簡単にできるのも魅力の1つ。それによって信頼が増して申し込み確率が上がる、そんな動画がレッスン誘致に使う際の動画になります。

❇ 誘致動画はあらゆるシーンで有効活用できる

誘致タイプの動画は作り方のポイントを押さえてしまえば、**あらゆるシーンで活用**できます。

もちろんレッスン誘致以外、**LINE登録やメルマガ登録**にも使えます。

いずれにせよ、ポイントは読者さんにとって**「その情報がお得である」**ということをわかりやすく伝えるのに動画は非常に向いているということです。

本書2章でお伝えした戦略的な集客導線の中でも動画はさまざまなポイントで活用できるオンライン時代の最強ツール。そのような意味合いからも、**動画作成のスキルは今の時代、オンラインで活動していきたいなら必須のスキル**になってきているということをぜひ知っていただきたいと思います。

3　YouTubeで実現する効果的な成約法

一般的に、YouTubeで**「集客」**という活用イメージは持ちやすいと思いますが**「成約」**に使うイメージは、なかなかわかりにくいかもしれません。

ですので、私や私のクライアントさんである教室の先生に実践していただいた結果、効果が高い方法を以下でお伝えしたいと思います。

✼成約に使う動画は「リアルをどれだけ再現できるか」がポイント

教室業の先生が、「成約に動画を使う」としたらどのようなシーンが考えられるでしょうか?

ポイントは**「お客様の気持ちに寄り添うリアルなシーンを再現する場合に使う」**という点です。

まず**1つ目は体験会終了後**のシーンで、**もう1つはお問合せにお答えする**シーンです。

それぞれのシーンでの活用タイミングをお伝えします。

✲①オンライン体験会終了後のシーン

オンライン体験会の体験会は本レッスンに来ていただけそうかどうかの意思決定を確認する重要なイベントになります。このイベントで終了時に確認しても、その場で即答できない方もいらっしゃると思います。

その後、**お返事をお待ちすることになった時に活用したいのが「動画」**です。

もちろん、動画が苦手な方は文章でもよいのですが、いろいろなクライアントさんの動画を使った場合、使わずに文章でお問い合わせをした時の成約率が2倍以上のインパクトがあったので、私のおすすめは動画での様子伺いです。

動画には、あなたの表情や感情がそのままストレートに表現されます。ご参加された生徒さんの気持ちに寄り添ったうえで不安に思っているであろうことや疑問点を丁寧にお答えすると、**条件的によほど難しい状態でない限りはほぼ成約**していきます。

✲文章は読み手の感情に左右されやすいが動画はストレートに伝わる

文章だと読み手の感情によって、言葉が持つ熱量の伝わり方が変わります。

そんな時に活用する動画は、あなたが伝えたいことがストレートに相手に伝わるので体験会など**「成約」が欲しいシーンには動画がおすすめ**です。

ただ、この時に注意したいのは、**「押し売り」をしない**、ということです。

あくまでも相手の方の気持ちに寄り添って疑問点、不安点を解消することを中心に、今後申し込みされたいのかどうかを聞くだけで構いません。

相手の方が最終的に決めますが、仮に申し込まれなかったとしても、タイミングとご縁が合わなかっただけなのでそんなに気にすることはありません。

大切なのはその方を思い最適な提案をすること、そのために動画を使うのは、とても伝わりやすいツールなのでぜひご活用いただければと思います。

✻ ②お問合せにお答えするシーン

さて、あなたはお問合せが来た時には、どのようにお返事していますか?

おそらくメールやコメントでお問合せが来た時には、そのまま「文章」でお返事するケースが多いかと思います。

私も起業当初はメッセージ、メールで返信していました。

ところが、ある時にわかりやすく説明するために、試しに動画でご質問に返信したところ、**お客様から大変喜ばれてそのまますぐ成約に結びついた体験**をしました。

その時以来、申し込みを前提で迷っていて問い合わせしてくださっている方には、動画でお返事をするようになりました。

この動画返信により**「お問合せ」**＝**「成約」**に結びつくようになり、その**成約率はほぼ100%**に近くなったのです。

この方法を私のクライアントさんに試していただいたところ、みなさんもほぼ同様の結果になりました。

やったことない方はぜひ一度試してみてください。

今までとは全く違う反応をお問い合わせの方からいただけると思います。

4 YouTubeで実現する顧客維持の効果的な方法

普段、教室先生は日々のレッスンなどに追われていて**「顧客維持」**という観点から生徒さんとの関係を考えることは少ないかもしれません。

ただ、実は新規生徒さんを追いかけるより、既存の生徒さんとの関係性をきちんと維持できることのほうが**教室業としての経営は安定**します。イメージとしては、**7割既存：3割新規**という感じです。新規が全くいないというのも発展と成長が見込めないのであまり良くないのですが、**教室の核を担うのは間違えなく「既存」の生徒**さんです。

ということは逆に、新しく入ってきた生徒さんが定着しない、または継続しない状態が日常化している教室はその仕組みを見直したほうがいいかもしれません。

✲顧客維持に使う動画　2つの活用ポイント

さて、以下では、「顧客維持」にとても役に立つツールとしてのYouTube動画の活用事例をご紹介したいと思います。

お客様を飽きさせずにあなたのファンでいてもらい続けるためにも動画はとても効果的です。その活用ポイントをお伝えします。

顧客維持の活用ポイントは

① **アフターフォロー**：質問などに動画で答えることで信頼継続
② **ステップメールマガジン**：継続的に配信されるメールマガジンで長期信頼構築

の2点です。

✼①アフターフォロー動画

お問い合わせ動画に答える、というお話は前項でお伝えしましたがアフターフォローに活用する場合も同様の考え方です。

すなわち、お客様の疑問不安を取り除くうえで、お客様側の感情によって読み進められる文章よりも視覚と聴覚に響く動画の方が速く確実に思いが伝わります。

するとお客様のあなたへの信頼度が上がるため、**満足度が上がります**。すると必然的にあなたのところで学びたいと思う気持ちが継続するため、**リピートが自然と発生**します。

✲継続的な信頼関係があれば勝手にお申し込みされる

たまに先生からこんなお話を伺うことがあります。

〝もうすぐコースが終了する生徒さんがいらっしゃるのですが、継続の案内をすると押し売りしているように思えてお伝えするのを躊躇してしまいます〟というお話。

こちらも、**普段からフォローアップをして生徒さんと継続的な関係性ができている方であればまず心配することのないお話**です。

なぜなら、まだまだ先生の所に通いたいと考えている生徒さんは大抵自分から「先生、次のコースはいつから募集始まりますか？」などと聞いてきてくれるからです。

私自身のパン教室でも、コース終了1か月前に事務連絡的に次のコースをご案内するとその場で成約していきましたので、私にしても生徒さんにしても、「押し売り感覚」は感じていないのです。

このように継続的にフォローができていると、その後の成約につながりやすいので自然体でお問い合わせやご質問には動画でお答えしていけるといいですね。

✲②ステップメールマガジン

「ステップメール」とは、メールマガジンの一種です。

通常の単発で配信されるメールマガジンとの違いは、ステップメールは、こちらがあらかじめ設定したシナリオメールを決めたスケジュールに合わせて順番に配信できるという点です。こちらは、生徒さんとの信頼構築にはとても強力なツールで、私もとてもよく活用しているツールです。

具体的に言うと、シナリオを組むということは読み手に**「伝えたい順番で伝えられる」**ということなので、お客様との距離を徐々に縮めて行けるように物語を構築することができるのです。それによって、**無理なく信頼構築をすることができている**ので、たまにセールス的なお知らせを挟むことで、「売り込まれた」と思われることもなく自然と購入される仕組みになっています。

ちなみに私のメルマガ読者さんが**私の高単価な商品**（30万以上）**を購入するのに、平均的な時間はメルマガ購読してから1年から3年というデータ**があります。

そして、理解していただきたいのは商品の購入タイミングというのは「本人が必要になった時」なのです。

だから、普段から信頼構築ができていると**「必要なタイミング」**で一番に思い出してもらえるので、こちらが**集客しなくても勝手に成約**するのです。

長期的な関係性を築くとセールスがほとんど不要になります。

こちらも私が提唱する**「お客様が自然と集まってくる自動集客」**の仕組みには欠かせないツールとなっています。【図表7】

✲ ステップメールに動画を入れると最強の集客ツールになる

このステップメールは文章だけでも十分にインパクトあるのですが、そのステップメールの中に動画があるとさらに信頼構築を強固なものにできるのです。

実際に私の動画付ステップメールの読者さんからの感想で、こんなお声をいただいています。

・電車の中だと音を聞けないのでテキストでサラッと読んで家に帰ってからゆっくり音声を聴いています

・動画で拝見しているといつも近くに貴子先生がいて迷った時、困った時アドバイスをいただいている気持ちになりとても励みになっています。まだ一度もお会いしたことがないのにすでに心の師匠です。

・毎日聞いています。私のことをすぐそばで見ているんじゃないというぐらい、ズバリ核心をついた動画は背筋が伸びる思いで拝見しています。いつかリアルでコンサルお願いできる日を夢見て頑張ります！

いかがでしょうか？

感想をくださった方とはまだ一度もお会いしていません。それでも、これぐらいのインパクトで**信頼構築**できるのです。

そしてさらに**もう1つの利点**もあります。それは、動画はありのままのあなたが映し出されているので、実際のサービスの提供が始まってもほとんどギャップがない。

だから**ギャップによる退会率が低く**なります。

このように、動画はあらゆるシーンで活用できる**「オンライン最強のツール」ですので教室業の集客・成約ツールとしてもマスター**してください。

図表7

<ステップメール4つのメリット>

1	2	3	4
接触のタイミングを最適化できる	多くの情報を分割して届けることができる	お客様との信頼構築の自動化	自動送信によって業務負荷を軽減

<ステップメールと動画の組み合わせ>

・対象：ステップメルマガに登録した方
・内容：登録した方の興味を引く
　　　　あらかじめ設定した内容
・回数：複数回にわたって
　　　　（7回〜30回などさまざま）

★シナリオに沿って動画とメールを同時に送ることで

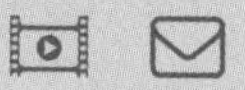

共感と信頼を構築できる

〝趣味が仕事で、仕事が趣味で〟という職業選択のススメ

お仕事のスタンスというは、人それぞれで、どういうスタンスを取ったとしてもその人自身が心地よい立ち位置ならそれで全然構わないと思っています。

例えば、仕事とプライベートはきっちり分ける、というスタンスの方は、時間の使い方もはっきり分けるケースが多いですね。プライベートで遊んでいる時には仕事の携帯をOFFにしてしまうという方もいらっしゃいます。

また、お金という観点から考えたときに「稼ぐ仕事は面白くなくても淡々とやる」その代わり、「趣味の時間は思いっきり楽しみお金も使う」というお金の使い方をされている方もいます。どんな選択をしても、正解・不正解はなくて、結局のところ自分が幸せを感じているかどうかだけが判断の基準になります。

では、私はどんな仕事のやり方が好きなのか、を一言で集約するなら「趣味が仕事で、仕事が趣味」というスタンスなのです。人によっては、そんな時間の使い方は自分に合わ

ないという方もいらっしゃると思います。ただ、数年私がやってみて、これはこれで、仕事と家事をこなす女性の時間の使い方に合っているような気がしているので、人生の幅を広げる選択肢の1つとしてご紹介をしたいと思いました。

まず、最初に、「仕事が趣味化する」とどんな良いことがあるか、という点です。一番大きな点は、「仕事に関わる時間がすべて楽しい時間に変わる」ということです。これは、「嫌いなことを仕事にしない」、ということでもあります。

例えば、私は人と触れ合うこと、その方が喜ぶサービスを提供することが好きなので、「営業・サービス業」系が職種として好きなのです。だから今まで選んできた仕事も、ツアープランナー、インテリアコーディネーター、バンケットプロデューサー、パン教室講師、コンサルタント、いずれも「人と関わるサービス業」なのです。

逆に、事務系のお仕事、例えば経理とか、データ入力とか、人と関わらない仕事は苦手なのでこちらは得意な方にお願いしておまかせしているという現状です。

教室業を職業として選択する先生のほとんどは、自分がお教えしたレッスンで生徒さんが幸せな顔をするのが嬉しいとおっしゃいますし、そういう先生がたくさんいれば、幸せにできる人も増えるということになります。

その核になることを楽しむために、苦手なことで人にお任せしたいことも出て来ます。ただし、その際お金が必要になるのであります。

いきなりすべての時間を「好きなことだけ」で埋め尽くすのが難しいとしても、徐々にその比率を増やしていくということはできます。

好きな仕事に関連するさまざまなことがあると思います。例えば苦手な先生も多いSNSの発信などもその1つです。しかし、「仕事を趣味化」する延長で考えるならまるでゲームをするように、攻略クリアするためにはどうすればいいか、という視点で考えると苦行に思えることもゲーム感覚でチャレンジすることもできますよね。

つまり「辛い、大変だ」、と思う感覚でチャレンジするのか、新しいことへの挑戦、と思ってトライするのでは心の負担がかなり変わるということなのです。

趣味を「辛い、大変」という感覚でやる人はいないと思います。

だとすれば、仕事を趣味化してしまえば、「何でも冒険心を持って楽しむ心」でトライすることができます。

また、時間についても、仕事とプライベートをきっちり分けてしまうことによって、後からやるほうが、時間がかかって処理をしなくてはいけないケースもあります。

私はどちらかというと、隙間時間が空いたら、たとえ電車の5分とかの小刻みの時間でも簡単に返信できてしまう内容なら、スマホからでも返信することで処理をしてしまいたいタイプなのです。これをすごく気負ってやるなら辛いかもしれませんが、案外日常に溶け込んでいるので、苦でもなくやっています

また旅行などに行った時でも、素敵な景色を見たことでインスピレーションが刺激されてクライアントさんにその勢いでアイデアを伝えてしまうこともあります。確かに私はプライベートの旅行に来ているのですが、これを杓子《しゃくし》定規に、「今は遊び時間だから」と分ける方が面倒なので、気持ちのままに伝えています。

私の時間は、自分の中で「仕事でも遊びでも」いつでも簡単にスイッチするので使える時間がすごく広がります。そして脳のアイドリング状態が続くので、いつでも、同じよう

なリズムが保てています。

例えば、お正月なども、家族の理解は必要かもしれませんが、私は休みすぎるほうがペースを戻すのが大変なので、年末年始でも最低1時間程度はぐらいは普通に仕事をしています。都合365日アイドリング状態を保ちながら動いているイメージかもしれません。

車も、毎日運転する方が、半年に1回運転するよりも調子がいいという話も聞くように、人間の脳も同じような習慣性があるのではないかと。

私はよくクライアントさんから、「先生はいつ寝てるんですか?」とか「なんでそんなにたくさんの仕事量をこなせるんですか?」と質問されることも多いのですが、きっとこの「隙間時間活用」と「オンオフを瞬間切り替えできるスイッチングの速さ」がポイントになっていると感じています。

この活動を支える思考の原点が、〝趣味が仕事で、仕事が趣味〟という考え方なのです。

窮屈な時間配分に疲れた方は逆転の発想で一度トライしてみませんか?

案外すんなりと、使える時間が2倍になるかもしれませんよ。

第7章

オンライン集客
成果が出やすい拡散ツール
Facebook・Instagram

1 教室業におけるFacebookとInstagram使い方のコツ

教室業の先生にとって馴染《なじ》みがあるのは、**Instagram**のほうだと思います。なぜなら、趣味だったとしても、自分が撮った日常の一コマの写真を気軽にInstagramにアップする方は多いからです。そういう意味ではビジネス活用として使ってみようかな、と気軽に思えるツールかもしれません。

ところでこの**FacebookとInstagram**には、**集客上のある共通の特徴**があるのです。それは、**【拡散に向いているツール】**という特徴です。つまり**フロー（流れる）型のメディア**なのです。

ちなみに、その対局にある**ツールはブログとYouTube**です。こちらは、**【検索されることに向いているツール】**という特徴があります。つまり、**ストック（溜まる）型のメディア**になっているのです。

「FacebookとInstagramでの集客を考える場合、**「フロー型とストック型」**の違いをしっかり理解したうえで集客活動を行わないと全く成果がでないツールなのです。

本章では、Facebook と Instagram の使い方のコツをお伝えしますが、同時にフロー型とストック型のメディアとの違いを理解して効果的に使っていただけるように、こちらも合わせてお伝えしていきたいと思います。

✤フロー型メディアとストック型メディアの違い

まず、フロー型メディア（Facebook・Instagram）とストック型メディア（ブログ・YouTube）の特徴についてお伝えします。

こちらの一覧に沿って解説していきたいと思います。【図表8】

・フロー型（流れる）／ストック型（溜まる）

①記事の蓄積
②検索エンジン
③読者の行動
④精読度
⑤拡散度
⑥リアルタイム性

図表8

	フロー型 （FB・Instagram）	ストック型 （Blog・YouTube）
記事の蓄積	URLでの検索 できない	URLで検索できる
検索エンジン	検索エンジンで 探されない	検索システムに有利
読者の行動	受動的に情報を得る	積極的に情報を 探している
精読度	さらっと読み流す	きちんと読み込む
拡散度	シェア機能で 拡散に有利	拡散はそこまで 得意ではない
リアルタイム性	リアルタイム性有利	リアルには弱い

❇①記事の蓄積

一度書いた記事がネット上にURL付きで残るか残らないか、という点がフロー型とストック型の一番の違いです。

フロー型（流れる）メディアの場合には、記事は投稿が時系列に合わせてどんどん流れていくので、その記事だけを検索で探すのは困難です。

一方、ストック型（溜まる）メディアの場合には、一度記事をアップしたらその記事1つひとつに対してURLがつくので、記事検索ができます。ということは、アップすればするほどあなたを見つけてもらえる可能性が高い＝**あなたへアクセスできる入り口が増え続けるのがストック型メディアの特徴**です。

このように話を聞くと「流れるメディアは使う意味がないのではないか？」と思う方もいらっしゃるかもしれませんが、流れるメディアには溜まるメディアにはない**「拡散力」**という力があるので、**両者は役割分担をさせて扱うのがベスト**です。

✲ ②検索エンジン

検索エンジンというのは、Googleやyahooに代表される**「インターネット上の情報を検索するシステム」**のことです。この検索エンジンで見つけてもらえる記事はストック型のメディアの記事になります。フロー型の記事は、アカウント自体は検索対象になっても、１つひとつは検索対象になりません。

例えば、私のFacebookの個人ページ〈https://www.facebook.com/takako.takahashi.395〉は、ページ全体は検索対象になっても、１つひとつの記事は検索から探すことはできません。

このような点から見て、ストック型のメディアを育てること＝記事の数を増やすことは、そのままあなたを見つけてもらえる入り口を増やすことになり、やればやるほど集客が楽になるという恩恵があります。

一方で**フロー型のメディア**は、記事自体は検索エンジンで見つけてもうことはできませんが、友人のタイムラインに掲載されたあなたの記事が、**そのまま友人の友人へ拡散され**る可能性があります。

このようなことからも、**ストック型とフロー型は作成する記事の質が違う**ということもおわかりいただけるのではないかと思います。

③読者の行動

こちらは、SNSを一生懸命やっている方ほど、見落としがちな視点なのですが、フロー型のメディアとストック型のメディアに集まるお客様の**「購買へ向かう意識の違い」**があることを知っておいたほうがいいと思います。

つまり、**ストック型のメディア**を見る方というのは、**「積極的に情報を検索している方」**である可能性が高く**（＝能動的）**、逆に**フロー型のメディア**を見る方というのは、**「受動的に情報を受け取っている方」（＝受動的）**である可能性が高いのです。

ご自身で積極的に情報を探している方というのは、**「今まさに困っている」**タイプの方が多く、かつそのための解決手段を探しています。

そこで、あなたのサービスが探している方にピッタリである場合には、**「即購入」**される**可能性が高い**のです。

一方、フロー型は「なんとなく」目に入っているという程度の認識で記事を読んでいる可能性が高いので**「いつかは買うかもしれない」**という**購入予備軍の方にあなたを認知**してもらう役割が向いています。

✲④精読度

自分で積極的に情報を探してたどり着く**ストック型のメディアの精読度は高い**です。

なぜなら自分に関係あることとして捉えた内容を、キチンと理解しようとするからです。

例えばブログ５０００文字～１万文字、YouTube動画15分～30分ぐらいのものだったとしても、その方が興味があればしっかり内容を見ることでしょう。

それに比べて**フロー型のメディア**は、自分から情報を取りに行っていないので、**精読率は低め**です。

ですので、フロー型は情報そのものを届けることよりもあなた自身の人柄などを理解してもらうコミュニケーションツールとして使うほうが向いているメディアです。

✲ ⑤拡散度

拡散度については、ストック型のブログやYouTubeよりも、**フロー型のFacebookやInstagramが有利**です。ブログにもシェアという機能もありますが、FacebookやInstagramのシェア機能のほうが手軽にシェアできます。もともとこの2つのメディアは「共感・コミュニケーション」を軸に機能が装備されているのです。
よって、このフロー型のメディアを活用するキーポイントは、「流れる投稿」の中で注目してもらい、人柄が伝わるもの、トレンドに乗ったもの、驚きや発見、共感されやすい記事をアップしていくことが大切です。

もちろん、ご自身が伝えたい記事を伝えることでもファンはつく可能性がありますが、ビジネスで活用したいのであれば、**「拡散」されるような記事**をコツコツアップしていくことも必要です。

✲ ⑥リアルタイム性

リアルタイム性もフロー型のほうが有利です。もともと、フロー型のメディアは「リアルに起きていること」をシェアする文化があります。だから、どんどん記事がアップされても、旬な時だけ読んでもらえればいいという構成になっているので、記事が流れていってしまいます。その代わりに、**「まさに今」**という鮮度が高い情報を、発信し続けるインフルエンサーには注目が集まります。

ブログなどは「精読」してもらうことでファンを構築していきますが、フロー型のメディアは「リアルタイムに交流をしていく」ことを主軸にしているので、「今」を上手に切り取り、発信し続けられる人のほうが人気になっていく傾向があります。

このように、ストック型とフロー型には、活用していくうえでの大きな特徴の違いがあります。まずはこの違いを理解していきましょう。

そして、次項以降、このフロー型のメディアの代表**「Facebook」**と**「Instagram」**の具体的な活用法についてお伝えしたいと思います。

2 Facebook と Instagram で実現する教室の効果的な集客法

Facebook と Instagram の投稿は蓄積されるものではないので、**即時性、旬な話題、あなたのプライベートやお仕事に関する専門家としての発言**、このあたりをテーマにして発信するのがいいです。このような発信により、**共感と拡散**を狙います。

そして、どちらも拡散ツールではありますが、Facebook は文字が主体、Instagram は写真が主体なので、それぞれのメディアを好んで使う顧客の年齢層、ライフスタイルが異なります。どちらかというと、ビジネスをしている方は、Facebook を使う傾向があり、Instagram は趣味的なものから発展して、ビジネス利用になっている方が多いように感じています。

✼ フロー型のメディアはゴール設計が大切

さらに2021年から日本でも新たな SNS として注目されつつある「Clubhouse」

という音声のみのSNSメディアも**連携先は、Instagram と Twitter** です。

このあたりのフロー型メディアを活用する際には、**必ずゴール設計&導線設計**を行わないとビジネスとしての活用が難しいのです。

成約に近い濃いファンを増やすことを意識した投稿を日々できるかが一番のポイントになります。拡散された時に初めてあなたを知り、接触する方もいらっしゃることでしょう。その時に、その瞬間だけの出会いだとその先につながる確率が低くなるので、**LINE 登録**などの登録などでその先につながるような仕掛けを最初から考えおくほうがベターです。

ファンになる方は、あなたの人柄を知って、もっと知りたいなと思ったら距離を近づけようとしてくれます。その時にその受け皿の紹介ができるような状態を最初に作っておくことが**フロー型のメディアを活用する場合には重要なポイント**になりますね。

✼ Facebook/ 集客に結びつく投稿のポイント

Facebook の投稿のポイントは、「共感と信頼」です。

なぜなら**創始者であるマーク・ザッカーバーグ氏が当初 Facebook で目指したものは「オープンコニュニケーション」**だからです。もともとはハーバード大学の学生の交流のために作ったツールなので、その後会社として成長をしていますが、それでも根幹に流れる思想は**「交流」**を目的としたツールであるということになります。

❊ Facebookをビジネス活用する時に知っておきたいこと

「Facebookをビジネスに活用する場合には**「未来のお客様に自分を認知してもらえる」ことを念頭に置くことがポイントです。**

そのためには、まず「個人ページ」でご自身がどのように認知されたいかというブランディングを行い、広告なども出稿できる「Facebookページ」では教室のブランディングを含めた投稿をする必要があります。

個人ページでは、ビジネスばかりの話だと敬遠されます。

投稿を見る人は「あなた個人のパーソナリティー」に着目をしているので、ビジネスの投稿とパーソナリティーの投稿はほどよい比率でアップしていきましょう。昨今の「Facebookの傾向では、ビジネス寄りの投稿よりも**個人的な趣味や嗜好《しこう》がわかる**ような**投稿が好まれる**傾向にあります。

私も自分の個人フィードでは、趣味の写真やサックス演奏の投稿などもしているので、コンサルタントとしてのお仕事の様子はもちろんですが、他のプライベート部分での親近感も感じていただいているようです。結果として、「ビジュアルブランディング」ということでのアーティステックな側面を感じていただくことに貢献しています。

「Facebook は基本、実名登録のため、あまり変なコメントなどがつくことは少ないのも特徴の1つです。

教室の先生が活用する場合には、ビジネス利用をしている方をターゲットにした商品・サービスを持っている方のほうが、効果が出やすいと思います。一般の主婦の方は、どちらかというと Instagram を利用する傾向にあります。

あなたのターゲットとなる方が「Facebook にいるタイプなのか、Instagram にいるタイプなどを見極めて、**【あなたの未来のお客様がいる場所】**で勝負するのが**効率的**です。

✼ Instagram/ 集客に結びつく投稿のポイント

「Facebook 社は2012年に Instagram を買収しました。Instagram は2010年にスタートした写真共有 SNS でしたが、1年もたたないうちに1000万人のユーザーを獲得。その後半年で3000万人まで膨れ上がる勢いで成長しました。

企業の裏事情としては、Facebookの成長の障害になるとザッカーバーグCEOが判断したため買収したということもあったようですが、ユーザーの私たちとしては、**Instagramの思想も親会社であるFacebookの構想の中での運用になること**を理解して、活用する必要があります。

✲ Instagramをビジネス活用する時に知っておきたいこと

Facebook同様にInstagramも**「コミュニケーション」を軸とした運営**をする必要があります。

Facebookも Instagramも「ハッシュタグ検索」という機能で、欲しいものや、知りたい情報を探すことができます。特にInstagramのほうがその傾向が顕著です。

例えば、ハッシュタグ検索の経験があるInstagramのユーザーの41.5%が何かしらの商品の購入したことがあるというデーターもあるぐらいなので、上手に運用できれば売り上げアップも見込めるツールになっています。そして、以前は、「写真SNS」という印象が強かったのでユーザーは20代～30代女性が利用するイメージが強かったのですが、最近は、40代～50代の男女ユーザーも増えつつあるのでビジネスチャンスが拡大しています。

✲ハッシュタグと写真とコミュニケーション

Instagram の運用ポイントは、①ハッシュタグで検索され→②写真を見て人柄にファンになり→③DMをくださった方とコミュニケーションを深める→④商品購入へ、このような流れになります。

どういうハッシュタグで探されたいのか、自分が探されやすいタグをきちんと調べて、1投稿に15個程度のハッシュタグをつけて投稿するのがおすすめです。

その他にも見てもらうための工夫として「ストーリーズ」や「リール」などの機能も活用するといいと思います。きっかけとして、「どういう言葉」で自分のアカウントが探されるのか、探してたどり着いてくださった方が、「どういう写真」なら自分のファンになってくださるのか、その点に着目してアップするべき写真を工夫していきます。

どのみち、いきなり商品を販売するというためのツールではないので、**他の SNS とつなげる（例えば LINE など）導線を最初に設計しておいたほうがいい**です。

3 Facebook と Instagram で実現する教室の効果的な成約法

Facebook も Instagram も「コミュニケーションツール」であることをお伝えしました。そのような観点からすると本来は**「ビジネスで商品の売買」をメインとするツールではありません。**

とはいえ、どちらも登録ユーザー数が２６００万・３３００万人越え（２０２１年５月現在）の巨大なメディアであることは間違いないので、ビジネスに活用する流れもあります。

集客の活用は主に**「ハッシュタグ検索」**をポイントにすることをお伝えしました。

それに対して成約に使う場合には**「ライブ配信」**がポイントになります。

✻ハッシュタグと写真とコミュニケーション

両ツールともライブ配信ができますが、**「成約」を意識したライブ**はどのように行うのかをお伝えしたいと思います。

ライブ配信の一番の利点は、「信頼関係構築」です。

ライブは動画でそのままのあなたの人柄を見ることができるので、視聴者は「親近感と安心感」を感じることができます。

私のクライアントさんもライブ配信をやり始めたら、フォロワーも加速度的に増えたり、成約率が2倍、3倍になったというお話も伺うぐらいの強力なツールだと思います。

私の場合は、対談形式のYouTubeライブでの経験ですが1時間のライブで50万円の商品3本が売れたこともあります。

ただし、注意しなくてはいけないのは、**「何でもかんでもライブにすれば売れる」**わけではないということです。

ライブを開催する前に**「少しでもいいから信頼関係ができている」という前提がないと高額商品は売れません。**その代わり、お試しぐらいの気軽な商品やサービスであればライブ配信単体でもかなりの数が売れることが見込めます。

ポイントは、**ライブ目的と成約のゴールを**、どこにするか、いつ、どのような形で、誰に宣伝をしてライブに来てもらうか、という下準備をしっかり行うことです。もちろん本番当日も大切ですが、**下準備が9割**です。しっかり準備をしていきましょう。

column

〝桜の花の咲く時期に〟～花火と桜とわたしの生き方～

〝桜の花の咲く時期にこの世を去りたい〟

と思ったのはいつからだったのか。正確には覚えていないのですが、ある時からそんなことを考えるようになりました。


私は桜の花が好きです。

満開の時の華やかさと散りゆく時の潔さ。2つの要素を持っている素敵な花だから。

桜と同様に花火も好きです。

花火も桜と同じようにパッと大輪の花を咲かせて鮮やかに消えていく、2つのモノに共通する感覚は「美しく散る」という感覚でしょうか。

私が色々なことに執着しなくなったのは、どのみち死ぬ時には墓場には持っていけるモノではない、ということを知った時からでした。

確かに物質的なものは手に入れれば便利だし、快適な暮らしもできるでしょう。思い出の旅行なども、心の癒やしにもなりますが、その思い出はその本人の心の中にあるものでしかありません。もちろん、それはそれで大切なものだし、素敵なものだと思います。

私は、特に長生きをしたいと思ったこともなく、少し古い言葉かもしれませんが「天寿を全うする」ことができればそれでいいと思っているタイプの人です。天寿を全うするということは、「天から授かった寿命を生き尽くして死ぬ」ということなので、生きているうちは、やるべきことや使命があって生きていると思っているのです。

私は宗教家でも何者でもありませんが、死というものが予測もできずに身近にあるかもしれないからこそ「今を生きる」ことが大切で、だからこそ、今の私が伝えられることを後進の若い方へ残していくことが使命だと考えているのです。

私が現世で身につけたスキル、知識は、現世の残るべき人に置いていかなくてはなりません。特に私の場合は子供もいないので、今まで身につけたものは「生かされていた」ことに感謝をしながら、後の世を継ぐ人へ引き渡していくことが50を過ぎた私の成すべきことだと感じています。だからこそこうして本を書き、言葉を残しています。

少し、過去の私のお話をしましょう。

実は私は20代の頃、そう、それは新聞配達をするために玄関ひとつの風呂なし、共有トイレ付きの共同アパートに住み込んでいた頃の出来事です。

当時、２年間の旅行の専門学校に通うために新聞奨学生という制度を使いました。私が通っていた高校は、そこそこの進学校だったので、大学に行くのが当たり前という環境でした。私は、家から学費を出してもらえるあてがない状態で、夢だったツアーコンダクターになるのなら、専門学校のほうがむしろ近道だと判断して、そちらに舵《かじ》を切ったのです。

進学校だったので、同級生から見た専門学校の地位は低かった。実際に当時、専門学校の進学を決めたのは学年で１人だけでした。それでも私は自分の道を信じて動きました。
また、私はそれでも夢を叶えるためにその専門学校に行くしかない理由がありました。
それは、学費の調達です。

２００万の学費のうち、１５０万までは新聞社が出してくれるのですが、50万足りないのです。その学校には特待生制度があり、学業優秀、模範的な学生に特待生として50万の資金が援助されることが公募で書いてありました。だから、２００万を調達するために、

150万は体で動いて、残りの50万は頭を使って稼ぐしか方法がなかったのです。

学校の学費を2年分肩代わりしてもらう代わりに学業を行いながら、新聞配達をして返済していくという制度です。そのため、都内に住んでいたにもかかわらず、配達のために専売所付近のアパートに住み込んで学業と配達を両立することになりました。

新聞配達は、朝の2時半から始まり、5時半ごろ終わります。その後、朝の支度を整えて、学校に行き、授業が終わったらまた戻ってきて、夕刊の配達を17時から18時半ごろ終えるのです。ご飯を食べて、学校の宿題を終えて23時には寝ないと翌日の配達に差し支えます。体力的にも精神的にも人生で一番きつい時代だったと今振り返っても思っています。

そんなある日のことです。宿題に疲れてうたた寝をしていたら、ふと目の前に人の気配を感じました。目を開けたらそこには、豆電球のオレンジの灯りに逆光で映し出された男の顔が目の前に。

一瞬パニックを起こしました。夢かと思ったのです。

ですが、それは夢ではありませんでした。

なぜなら、私が目を開けた瞬間にその男は私の首を両手で思いっきり締め上げてきたからです。これは、夢ではない、現実なんだと、瞬時に理解しました。

それと同時に、心の底から「死にたくない」と思い足を蹴り上げたら運よく急所に当たり、その男は部屋から出て行ったのです。

その後の顛末《てんまつ》は詳細には語りませんが、その男性は、共同アパートの隣の住人で、中国からの留学生で精神疾患がある人だったことがわかりました。

最終的には本国から親族のお兄さんが引き取りに来ることになったのです。私への賠償は、相手に支払い能力がないということで雀の涙ほどの示談金、20万程度で話が終わりました。

その程度のお金では、私が必要としている借金の学費授業料の返済に足りなかったので、そんな事件があっても引き続きアパートに住み、新聞配達の日々は続いたのです。

そんなアクシデントもあった中、結果として、無事に特待生にもなることができて、入学当時、目標だった50万円調達して200万円の学費を納めて、辛かった2年間の学生生活を終えました。

そして、この事件をきっかけに、私が「わかったこと」がありました。

それは「人はどんなに誠実に生きていても、突然の事故に巻き込まれて死ぬこともある」ということです。

私は、ただ、ひたすらに、学び努力をして、借金を返すために働いていただけなのに、無差別テロに近い、アンラッキーな確率で狙われて、命を落とす寸前でした。

「理不尽だ」とその時は思ったものです。

あそこで抵抗しなかったらおそらく私はこの世にいなかったかもしれないし、こうして本を書いていることもなかったことでしょう。

そう、私は運良く「生かされている」のです。

まだ、この世でやらなくていけないことがある、だから生きていると思いました。

その時から、変な話、「いつ死んでもいいように生きる」ことを決めました。

毎日が最後の日だと思うように、一分一秒を本気で生きた先にきっと天寿が訪れるのだと、思うようになったのです。

桜と花火は「散るから美しい」のです。
私もいつかこの世を去るときに、「潔く美しく次世代に残すものを残して」去りたいと思うようになった頃から、ますます桜と花火が好きになりました。

毎年、生きて、桜の季節を迎えるたびに、今生きていることに感謝をしながら次の年に向かって自分がやるべきことを毎年考えながら1年を生きています。

今のあなたはどんな1年を生きていますか？

今日の延長の明日が必ず来ることは保証もないし、未来のことは誰にもわかりません。
だからこそ、「今を生きる」覚悟と喜び、そして素直に自分の感情に従ってやりたいことをやることを切にお勧めしたいのです

なぜなら、あなたにとってのあなたの人生は一度きりのものだから。

第8章

オンライン教室経営
数字と付き合う考え方

1　オフラインとオンライン　経営数字の組み方の違いについて

今、本書を手にとって読んでくださっているあなたは、**「これから教室起業したい」**と思っている方か、またはすでに教室の先生として**「教室運営を行っている」**先生なのかは別として、これからお話するのは**とても大切**なことです。

なぜならば、私が８００人以上の教室の先生と面談をしてきて**「収益化」をきちんとできている先生がとても少ない**と感じているからです。

本章では主に**オンラインでの経営数字の組み方に**ついて言及していきますが、そもそもの教室事業の収益構造を知ったうえで、**「オンラインの経営数字の作り方」**を理解していただけるようにお伝えしたいと思います。

数字が苦手な先生は9割以上です。

だからこそ、きちんと数字を把握して動けるようになると、それだけでも**「稼げる体質」**になっていきますので、そんなイメージで本章を読み進めていただければと思います。

✲〈オフライン・オンライン〉レッスン収益の内訳

これから少しだけみなさんが苦手な分野のお話をします。

と言っても、そんなに難しい経理のお話をするわけではないのでご安心ください。

初めて教室起業をしたい人でも、すでに教室を行っている人でも知っていてほしいことなのでこちらでの「共通認識」としてお伝えしますね。

こちらは一般的に表現されているざっくりした**「お金の流れ」**の図です。

こちらの図を例として**「料理教室業」**に当てはめて解説しますね。

今回は１００という数字を使っていますので、お金に換算するなら１００円で考えるとシンプルでわかりやすいかもしれません。

図表９

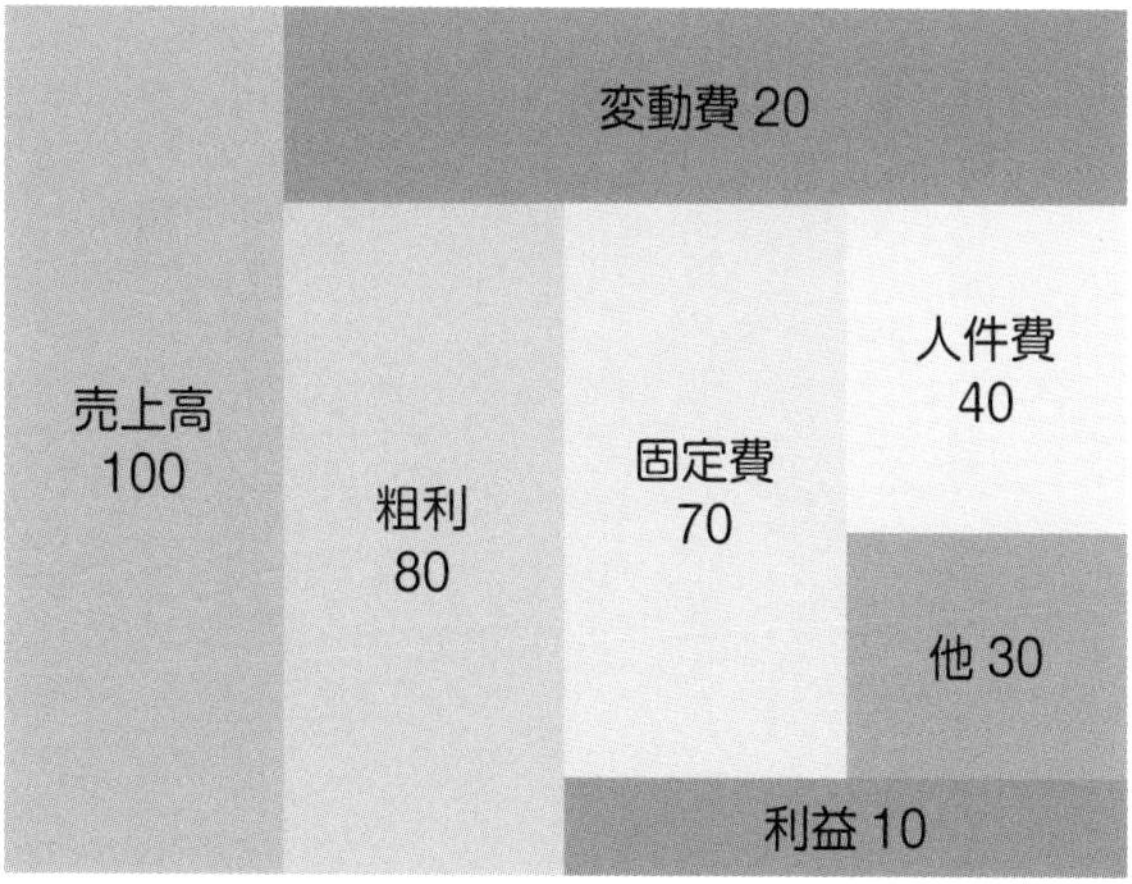

① 売り上げ高＝売り上げた額　１００円

その名のとおり、**「売り上げた額」**です。

教室業で言えば、一番わかりやすい売り上げは**「レッスン料」**だと思います。先生によっては教室で物販をやっているケースもあると思います。その物販の販売料も売り上げに入れてもよいのですが、今はシンプルにわかりやすくするために「レッスン料」だけで考えていきます。

② 変動費＝売り上げと連動して増減する費用　20円

こちらは教室業の先生にとっては、少しわかりにくい費目かもしれません。

料理教室の場合は**「材料費（食材）」**が主な変動費になります。他にも生徒さんに人数が増減することで変化する費用としては、レシピ印刷の紙代やインク代もあるかもしれませんが、それはそんなに大きな影響が出るものではありません。また、自宅教室ではなく、毎回スタジオなど会場を借りて開催している場合にも開催頻度が増えたり、人数が増えると**「増える費用」**＝**「変動費」**です。

③ 粗利＝売り上げ高から変動費を引いたもの　80円

教室業でいうと、一般的な会社とは違って、この粗利が先生の**「収益」**＝**「お給料的な感覚」**で考えられるケースが多いです。ざっくりした感覚は、まずはそれでいいと思います。

教室の先生は**「売り上げ高」と「粗利」を混同しているケースが**多いと感じます。

内訳を聞いて驚くこともあるのですが、売り上げ高　１００円なのに、材料費（例えば食材費）70円、というような運営をされているケースも多いです。おそらく自宅だからという甘えもあるかもしれません。生徒さんに喜んで欲しいとか、中身が充実しているほうが集客しやすいからと思っているからと、どんどん原価が膨れ上がっていく場合が多いのです。

ですから、まずは**「粗利をしっかり残す」**という意識が必要になります。

④　固定費＝売り上げが増減しても必ずかかってくる固定費用　70円

粗利の中の70円分はこの図で言うと固定費です。一般的には、**「事務所家賃」**などですが、こちらは自宅教室業の場合には特にかからないものです。水道光熱費も本来は、「固定費」です。しかし、教室と自宅の使用時間が半分なら半分は固定経費になる部分ではあります。しかし、今回の説明ではざっくり「その他」にしておきます。

「その他経費」には、自分が学んだ研修費なども入ってきます。例えば、きれいな写真をうまくＨＰなどに掲載して集客力を上げるために通った写真教室の費用などです。

固定費70円なら、「一人自宅教室の人件費＝先生のお給料40円」と「その他経費30円」

という内訳になるイメージです。

⑤利益＝粗利から固定費を引いたもの　10円

こちらが、会社の場合には、「利益」という費目になります。自宅教室業の先生の場合には、先ほどのご自身のお給料とこちらの利益がごちゃ混ぜになっているケースが多いです。

例えば、仮に先生のお給料が40円だったとします（一人自宅教室の人件費部分です）。この場合、利益が10円なら合わせて**40円＋10円＝50円**、がざっくりした先生の手取り額になります。

ということは、**１００円売り上げが上がったら、50円がざっくりした先生のお給料と**いうことになります。

つまり教室業の場合は、**大よそ売り上げの50%がお給料になるイメージです。**これは自宅教室業の1つの指標になります。

だから、**手取り15万円**欲しい方には**売り上げ30万円**を目指して欲しいとお伝えしています。

そして、本来は、利益から税金が引かれます。ただ、自宅教室業の先生の場合には「扶養の範囲内」または「基礎控除」などでほとんど税金を払わないレベルの売り上げで運営しているという先生も多い印象です。

ただし、今後の先行き不安定な世の中の状況を考えると、これからは、「扶養の範囲」を超えて先生ご自身がしっかり稼ぐ体制を作る方が老後も安定する次世代型の家計管理になると思います。

今の時代には、どんな大企業であっても予測しない天変地異などで倒産することも珍しくありません。

夫婦で2倍稼げるようになる家計管理がおすすめです。

図表10

● 教室業のお金の流れ

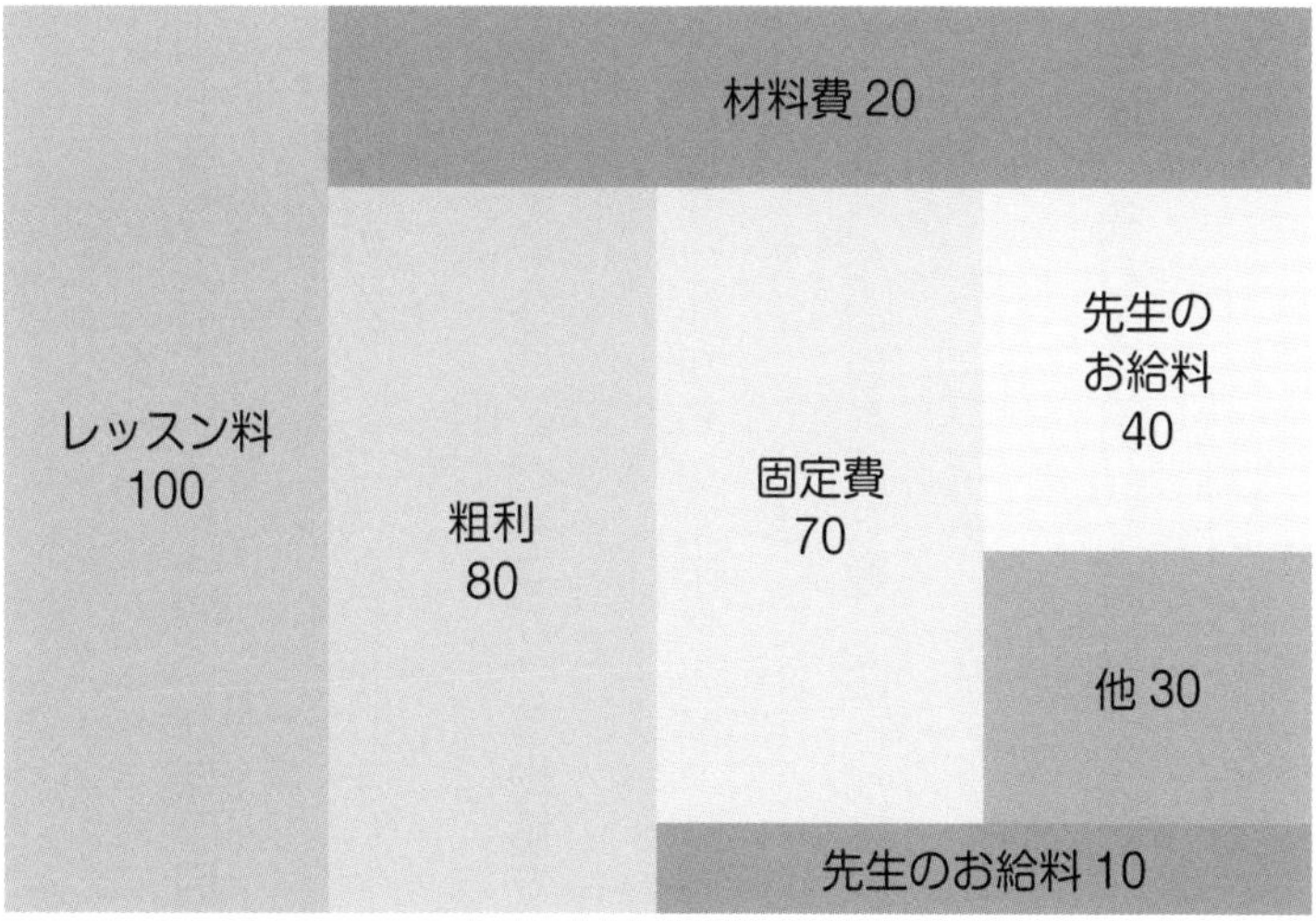

✲自宅教室業の手取りの実態

私自身も自宅パン教室を運営していた時、経費項目も毎月つけていましたが、**ほぼ手取りは売り上げの50%ぐらい**になっていました。

先ほどお伝えした「30万円の手取りが欲しいなら60万円の売り上げ高を目指しましょう」、というイメージです。

これは、実際に私のクライアントさんにも数字を報告してもらっていますが、**平均値でほぼ50%レベルであることがわかっています。**

もちろん、上手に運営すれば、粗利70%レベルでの運営も可能かもしれませんが、そういう教室は数少ないですし、むしろ材料費関連で70%〜80%を使ってしまっているという赤字経営の教室もたくさんあります（実際に計算してみなさんご自身でも驚くことが多いのです）。

まとめると、**従来型（オフライン）の教室業の実態は、売り上げの50%程度**が手取り、というのが実感です。

✲オンライン教室の収益性

前述の話から**オンラインでかかる費用**を考えると、材料費はかからず、家賃もかからず、オンラインのネット代（サーバーやWEB サイト代など）ぐらいはかかるものの、**ほとんど原価はかかりません。**レシピなども紙の印刷もないので、従来型オフラインタイプの教室業に比べるとかなり**収益性が高くなります。**

クライアントさんのお話を伺っている限りでのざっくりした収益率は、**売り上げの80%~90%近く**にもなってきます。

またオンラインの場合は「会場の定員がない」ため、今まで3人しかリアルでレッスンできなかった先生が30人を同じ時間で教えることができます。それにより**時給単価10倍**以上、固定費がさらに下がるため**収益率95%**以上というのも夢ではありません。

このような意味からオンライン教室は、今までの対面型の教室業よりもはるかに**収益率が高く運営ができるので、**これから取り組む方にとっても「オンライン自宅教室」というのは、**魅力的な稼ぎ方の1つ**であると言えます。

2 オンライン教室の収益化のポイント

もともと、一人で運営している自宅教室業というのは、良くも悪くも自由度が高いため、**かんたんに黒字にもできるし、かんたんに赤字にもなります。**

では、**オンライン教室で収益化をしていく時に何をポイントに考えたらいいのか**をこちらではお伝えしたいと思います。

✿ オンライン教室の収益アップの2つのポイント

前項でお伝えした教室業のお金の流れの図を、もう1回ご参照ください。

一般的に**収益をアップする方法は大きく分けて2つ**です。

1つは「売り上げを上げる」、もう1つは**「経費を削減する」**という点です。

それぞれの視点からオンライン教室の収益アップのポイントをお伝えします。

①オンライン教室の収益アップ法　その１：売り上げを上げる

オンラインレッスンで売り上げを上げる場合には、２つの方法があります。１つは、パーソナルレッスンなどで**高単価のレッスン**を行うこと。２つ目は、**低単価多人数のレッスンを行うこと**です。この時に比較するオンラインレッスンのポイントは対面レッスンで行う時のご自身の時給です。

✲高単価パーソナルレッスンの場合

実例でお伝えします。

例えば、対面レッスン時、１レッスン１人単価＠５０００円だったとします。この金額には材料費が入っているので、材料費を多く見積もって３割だった場合１５００円になるため、１人３５００円がざっくりとした利益になります。

自宅教室業の先生場合の１レッスンの平均人数は3人から5人ぐらいです。今回は間を取って４名と仮定します。その際の利益は＠３５００円×４名＝１万４０００円です。

だとすると、パーソナルレッスンが１万４０００円以上で設定できるなら、対面３名の時の時給単価と変わらないパフォーマンスになります。

さて、ここで考えることがあります。

果たしてあなたの講座はパーソナルレッスンで、１レッスン１万４０００円以上で組めるかどうかです。いかがでしょうか？

まだ、一度もレッスンをやったことない方は少しハードルが高いかもしれませんが、すでに何年も教室業をやっていて、対面でたくさんの生徒さんを教えているベテランの先生ならあり得る金額です。

時間がないけれど、**その先生の技術ノウハウを学びたい方にとっては、３万円払っても惜しくない内容であればその金額で設定できます。**

要は、**「そのレッスンを買いたい」と思う方を集めることができるかどうか**です。それが可能なら成約人数が減ったとしても売り上げは大して落ちない、または売り上げがアップすることもあり得ます。

✼低単価多人数レッスンの場合

オンラインレッスンの低単価については人によっていろいろな考え方があると思います

が、ざっくり調べた**平均値は1000円から2000円レベルが多い**ようです。

もしも、1000円だったとしたら、先ほどのご自身の時給換算で1レッスン1万4000円以上欲しいなら、集客人数は、14人以上欲しいイメージです。14人を同じ日時に集めるのは起業初期の方には若干ハードルが高いかもしれません。ベテランの先生であったとしても、同日同時はなかなか厳しいかもしれません。

この**「低単価多人数」プランが向くのは、すでにファン化している生徒さんが500人~1000人位いる先生向きのプランです。**それぐらいの人数がいれば、同日同時に集めるのも可能かもしれません。今の生徒さんは忙しい方が多いので同じ時間に他人数というのは難易度が高いのです。

ですので、低単価多人数のレッスンの収益性は、「そのイベント単体」で回収するというよりは、そのイベントで損をしても（時給単価よりも安かったとしても）その先につながる売り上げが見えれば良しとする、という考え方が必要です。

例えば、**イベントであなたを知ってもらい、ファンが増えていく、結果、他の講座などがポツポツ売れるようになる、そして全体売り上げが上がっていくというイメージ**です。

②オンライン教室の収益アップ法　その２：経費を削減する

オンラインレッスンの場合は、経費を削減することで売り上げを上げることは難しいです。**なぜなら、そもそもオンラインレッスンは経費がかかっていないので、経費を削減するインパクトが少ない**のです。

ただ、相対的に、**固定費**は何人のレッスンであろうとかかるものはかかるものなのです。だから、例えば　ネット代（Wi-Fi 契約など）は月額固定なので、変わりません。１人当たりの負担額を考えるなら、その金額は多い人数のレッスンに使えば、１人当たりの経費単価が安くなります。

　このような観点から考えると、多人数のレッスンを開講する場合には、一人当たりの経費負担額という点では、固定費を削減したインパクトに近いものがあります。

　例えばネット代が月に４０００円だったとして、月に教えた生徒さんの人数が１００人なら1人当たりのネット代の固定費は４０００円÷１００人なので40円になります。月に教えた人数が２００人なら20円になる計算です。

　まとめると、**オンラインレッスンでの収益化のポイントは、高単価または多人数レッスンがポイント**になってきます。

3 数字からみた、長く愛されるリピーター戦略

私は以前から一過性の人気教室ではなく、**長期的に続く教室づくりを提唱**しています。例えばSNSの活用により、教室業でも月商１００万円の売り上げを作ることは可能です。

問題は、それがいつまで連続で続けることができるのか、という点なのです。SNS単体だとそれが難しいのでSNSとメルマガ、SNSとHPなど、**長期的に自動的に予約が入る仕組みと組み合わせる必要があります。**

SNS集客が悪いと言っているのではありません。うまく他の物と組み合わせながら運用すると成果が出やすいツールなのです。

私は会社の営業職時代と自分が運営してきた教室業を合わせて、**15年以上教室業の変遷**を見てきています。

教室業はオフライン、オンラインにかかわらず**「簡単に」**立ち上げることができてしまいます。それゆえ**「長期的に継続」**したいのなら、最初から続く仕組みづくりをしたうえ

で、SNSを上手に使うことをお勧めします。

例えば、コスト的なお話からすると、**新規生徒さんの獲得コストは、リピーターのコストの5倍**と言われています。

こんな例をお伝えすると分かりやすいかもしれません。

例えば、新規の方に来ていただくために広告を打った、そちらは広告費がかかっている、でも既存の生徒さんがレッスンにいらした時に新講座の案内をしたらすぐに決まった。こちらは広告を使っていませんので、コストは無料です。

✲無料のSNSは、コストはかかっていないの？

こんなお話をすると「SNS発信もお金はかかってませんよ?」という方もいらっしゃるかもしれません。

実はそれも、**教室の先生が陥りがちな罠《わな》**なのです。

確かに実際に「お金」は出て行っていないかもしれません。でも、**「あなたの時間」**はなくなっていきます。**あなたの時間も立派なコスト**なのです。お金を払っていないものは**「コストがかかっていない」と勘違い**してしまいがちなのですが、SNS発信自体はお金を産んでいない時間です。

だからこそ、**「有益な成約につながる動き」**をSNSに意図的に持たせないと、いくら頑張っても時間がなくなるだけで、集客ができないのです。

繰り返しお伝えしますが、SNSそのものがダメと言っているのではありません。無料で信頼と成約を獲得できる素晴らしいツールには間違いないのです。

だからこそ点を線にする最初の導線設計が大事です。これをしっかり時間をかけて組み上げると、SNSをそこまで頑張らなくても、自動的に自然と生徒さんが集まるようになります。

✼リピーターの人が喜んで通ってくださる秘訣とは

では、どうすれば生徒さんをリピートに導くことができるでしょうか?

そのポイントは、**「飽きさせないイベント性」**です。

人は「飽きる生き物」なのです。どんなに素晴らしいレッスンであっても、必ず一定期間が来たら飽きられて廃れていきます。

だから、たとえレッスンが人気で満員御礼が続いていても、その時に次の手をきちんと打っておいて、人気絶頂の時に次の新規コンセプトのレッスンをリリースできるかどうかが肝になります。

人気レッスンはずっと続くという楽観的な観測を持ちがちですし、そういう願望を持ちたい気持ちもわかるのですが、私が数十人見てきている**「10年以上安定的に人気教室である」**先生はみなさん、**常に新しい講座をリリース**し続けています。

きっとそれが秘訣なのだろうと思います。

ポイントは「集客が落ち始めてから」の新講座リリースではなく、**「まだ人気講座のうちに」新しい講座をリリース**するということです。

10年以上続く教室の先生はもちろん、日々お客様に喜こんでいただけるようさまざまなことに取り組んでいます。

今回お話したのはそのうちの一端ではありますが、とても重要なお話ですので、ぜひ知っておいてほしいポイントです。

4 本業とフク業のビジネスバランスを考える

オンラインレッスンというレッスン形態は、ある意味、誰でもやろうと思えばできてしまうレッスンです。

こちらの本を手に取ってくださった方は、**「フク業」**というキーワードに惹《ひ》かれて、気軽に教室業を始めようと思って見てくださっているかもしれませんね。

ここでお伝えしたいことは、**「本業と副業」のバランスに**ついてです。

経営数字を見ていくうえで、何をどこまで取り組むのかはとても大切な要素です。

こちらでは、いろいろな先生の相談に乗ってきて見えてきた**「バランス感覚」**という点についてお伝えしたいと思います。

✲「副業」として教室業を行いたい方へ

「副」という意味には、「主なものに伴って補佐となること」という意味があります。本業という生計を成り立たせている仕事があり、そこに加えて**「補助的な稼ぎ」**を持った仕事という意味合いがあります。

このケースは、精神的にはとても楽です。

なぜなら、補助的、ということであれば多少の損失が出たとしても趣味的な領域で考えればそこまで痛手はありません。楽しくいろいろなことにチャレンジできる可能性もあります。少しだけ足しになるおこづかいがあればいい、というタイプの方には**「副業」**が向いているかもしれません。

また**「副業」をいずれ「本業」**にしたいと思って足掛かりにしている方もいらっしゃいます。

私のクライアントさんでも、OLさんからの転身、つまり〝自分が本当にやりたかった仕事〟として、教室業を選ぶ方がいらっしゃいます。いくつになっても夢を実現できるということは、私も自分自身の経験で体感しているのでそんな方は応援したいとも思います。

✲副業を本業にしたくなったら、決めなくてはいけないこと

ここで、**「副業を本業に」**したくなったら、知っていていただきたいことが1つだけあります。それは**「退路を断つ覚悟」**です。

どこかで本業にしたい時には必ず壁に直面します。

安定的に毎月入るお給料、それが止まることも含めて、**「教室業一本」**に絞ることができるのか、ここはとても重要なポイントです。

誰しも、生活費が安定しないことになると不安は大きくなるでしょう。その時に、「失敗してもまた会社員に戻ればいいや」と思うレベルの気持ちでは、まずうまくいかないでしょう。

お金が心配でなかなか会社を辞めることができず、ズルズルと月に2回程度の教室開催を数年続けている方もいらっしゃいます。

もちろん、会社で安定的に働くこともいいでしょう。それについてはとやかく言うつもりはありません。

ただ、もしも、あなたが「昔から思っていた夢を叶えたい」と思うのであれば、ズルズルと夢を先送りにしている間にも、確実に「歳をとる」ということを理解しておいてほしいです。するとどこかのタイミングで思い切って独立開業することになるでしょう。

その時には、腹をくくって、**必ず教室業で成功すると決めて1年目はがむしゃらに取り組むことをお勧め**します。

この**1年目が勝負**です。1年目にしっかり基礎を作れた人とそうでない人では、その後の数年間にわたる積み上げで雲泥の差が出てくるものです。

だから、もしも副業を本業にしたくなったら、後ろは振り返らない、ひたすら前にある光だけを見て進んでください。

きっとあなたが欲しかった夢が必ず手に入るはずです。

✲「複業」として教室業を行いたい方へ

「複」という意味には、「二重になっている。2つ以上からなる」という意味があります。

「複業」としてお仕事をされたい方のイメージは、本業という概念ではなく、**同じ重さ軸**

足で他のお仕事と同時並行で進めていくイメージだと思います。

複数のお仕事を同時に展開する、**パラレルキャリアを**積み上げるフリーランスもいます。今風の働き方だと思いますし、自由に働ける選択肢がある良い時代になりました。

昔は終身雇用という慣例がありましたので、一度会社に入社したら定年まで安泰という保証がありました。今はそんな時代ではありません。不景気という波が突然襲って来れば大規模なリストラも敢行しなくてはなりません。

コロナ禍により、リモートワークが進むことで、会社も各社員の動きを把握することが困難になってきていることで、人件費を少しでも削って会社を存続させる意向から、「副業」・「複業」を認めるケースも増えてきています。

すると各個人も自分で本当は何をしたいのか、何ができるのか、を考えた時に**複数の仕事を同時に回してみることができます。**本当に自分がやりたかったことに出会えるきっかけを掴む良いチャンスだと思います。

✻ 複業をするのに向いている人のタイプ

いくつかある人生の分岐点の選択肢の1つに**「教室業」**という選択もありだと思います。

ただ、この時に気をつけたいポイントは、あなたにとっては、同時に行う**「複業」**だったとしても、**お客様の評価はあくまでも「プロとしての仕事」であなたを評価**します。**専業**で教室業を行っている先生と常に比較されることになりますので、いい加減な形でスタートするとクレームばかり多発して、夢を追いかけるどころの騒ぎではなくなります。

同時並行で事業を行う場合には、**人の2倍、3倍の努力が必要**になります。

「複業」は、同時並行にいろいろと試せる可能性を広げたり、収入の柱が一気にふえたりする良い要素もある反面、どれもこれも中途半端になる場合は、収入も思うように手に入らず、逆にストレスが多くなってしまうこともあり得ます。

ご自身のタイプが「複業」を行っていくのに向いているタイプかどうかを、一度**自己分析**してみるのもいいかもしれません。

ちなみに私は、建築業で同時期に複数の家の工程管理をしていた経験もあり比較的マルチタスクは得意なほうです。開業から毎年新規事業にチャレンジしていて5年で5業種を事業展開したこともあります。

新しい事をするとワクワクするタイプの方で時間管理ができる人には、リスクの分散という意味でも**「複業」**をおすすめしたいです。

ご自身が**「マルチタスクは得意！」「いろいろなことにチャレンジしてみたい！」**という方はぜひ**「複業」**としての教室業にチャレンジするのも良いと思います。

✲福業として教室業を行いたい方へ

最後の**「福業」についての解説**です。
この言葉は、造語なので前述でお伝えしてきた「副・複」という実務的なニュアンスとは異なる**お仕事観**をお伝えすることになります。
まずこの**「福業」**というものは何なのかを認識を共通にしていきましょう。
こちらでお伝えしていく**「福業」とは、「あなたが幸せになれるお仕事」**です。ではこの「福業」について解説してきます。

✼あなたが幸せになれる「福業」とは

この言葉の主語は「あなた」です。

つまり**「あなたが幸せと感じるお仕事ならそれが福業」**ということになります。

一般的な職業区分とか、収入をきちんと得られることができるから幸せ、という種類のお仕事ではありません。たとえ収入が低くても、やりたいことが完璧にできていなくても、「あなたが幸福感を感じているならＯＫ」というお仕事です。

この価値基準は精神的に満たされているかどうかという基準なので、必ずしも一般的な価値観に沿っていなくても大丈夫です。

✼あなたは何のためにお仕事をしていますか？

では、あなたは、こんな質問をされたら何と答えるでしょうか？

【あなたは何のためにお仕事をするのですか？】

私が伺ってきた教室業を選んだ先生方は、大抵こんな風にお答えになります。

【私が教えるスキルによって、人生の喜びや楽しさ、ご家族や友人に喜んでもらえていることが何よりも嬉しいんです】と。

たいてい、教室の先生になるきっかけは「自分のスキルを誰かに伝えることで、その方が喜び、幸せになる様子を見るのが嬉しいから」ということからスタートするケースがとても多いです。

そういう観点から考えると、「人に喜んでもらえることを仕事にしている」と言えるのなら、たとえ収入が低くても、赤字経営であろうと、あなたはすでに「福業」を見つけていることになります。

この基準軸はあなたの心の中にあるものなので、**あなたが幸福感を感じて仕事をできているのであれば**、それはすでに**「福業」**なのです。

✲福業がベースになって、副業や複業を考える

幸福感を感じるというのは、最初からその環境が整っている必要はありません。

「こういう風になりたい」と思うことからスタートして、その場所に近づいていく途中経過もすべて楽しむことができるか、こちらもポイントになります。

例えば、私は、**教室経営のコンサルタントになるために、自分のパン教室を作り、人気教室に育ててからコンサルタント**になっています。

独立前、パンのこね機を販売するメーカーで社員として働いていました。この期間6年です。その時独立する時には、集客に困っている先生方を助けたくてコンサルタントになることは決めていました。

それは、会社員時代、150教室以上のパン・お菓子・料理教室を訪問している時に先生たちがみなさん、困っていたのが**「集客」**だったからです。

そしてそのうちの一人の先生の言葉が、私がコンサルタントになろうと決めたきっかけの言葉になりました。

【高橋さんのような何でも相談できるコンサルタントがいたらいいのに】。

しかし、先生たちの現状や教室業の運営がわかっていなければ教室の先生に信用してもらえない、ましてや、先生を救う提案なんてできない、と思ったので、もともと自分があまり得意ではない「食」の領域で起業しました。

それこそ**人脈コネなし**、**資金なし**、**でのゼロからの自営業のスタート**です。

それは必死に頑張るしかなかったのです。

✲途中過程も含めて福業として楽しんでいく

いきなり夢を叶える起業ではありませんでしたが、それでも私は辛いと感じてはいなかったと思います。

なぜなら、私が経験する良いことも悪いこともすべてコンサルタントになった時には教室の先生を救う知恵になるはずと確信していたからです。

そう、私はきっとその時からすでに未来の先生たちを救いたい、というミッションから**「福業」**としてパン教室を運営していました。

だからこそ、コンサルタントになった時に、教室の先生には、実践に即した回答をすることができて、かなり確度の高い**「成功法則」**を伝えることができるようになっていたと実感しています。

「福業」はあなたの心の中にある判断基準です。

ミッションに向かって進んでいく過程そのものも丸ごと楽しめるなら、**あなたはきっとすでに幸せで、「福業」を実践**していることになると思います。

幸せの青い鳥はいつでもあなたのそばにいる

「青い鳥」という言葉を聞いたことはある方は多いかと思います。

「青い鳥」は、ベルギー出身の詩人・劇作家であるメーテルリンク作の童話として有名です。

このお話しのあらすじは、こんな内容です。

貧しい2人の兄妹が、妖女から娘の病気を治すために、幸せの青い鳥を探してほしいと言われて、旅に出るところからスタートします。一言で言うと、冒険ファンタジー。そして、さまざまな経験を経て、青い鳥を見つけることができずに家に戻ったら、家の空の鳥かごに青い鳥がいた、という童話です。

この結末を受けて、一般的には「あなたにとっての幸せというのは実はすぐ近くにある」ということを示唆している物語として知られています。

もちろん結末としてはここまでが有名なのですが、実は一説によると、この物語の結末には続きがあって、せっかく近くにいることを発見した青い鳥がその後飛び立って逃げてしまう、というお話があるらしいのです。

この物語が持つ2つの側面は、現代に生きる私たちにも大きなメッセージを残してくれていると思うのです。

1つ目は、「幸せというのは、遠くにあるものではなく自分が気づいていないだけで案外近くにあるということ」。

2つ目は、「幸せというものは儚《はかな》い。一瞬で失うこともある。だからこそ、その一瞬の幸福感を大切にする」というメッセージです。

私は、日々たくさんのクライアントさんから様々なお悩みを相談してされています。もちろん、その方にとっての悩みは、現実的に見えている側面としては、切実で辛いものなのかもしれません。

特に教室をさらに発展させていきたいのに、「集客ができない」という状態は、先生業を本業にしていきたい方にとっては、辛い現実の中で生きていると感じている状態かもしれません。中には、「もうダメです。やっていく自信がありません」とおっしゃる方もいらっしゃいます。

私が、そんな方にお伝えしたいことは、先述の「青い鳥」のお話なのです。

「自信」という言葉は「自分を信じる」と書きます。ご自身で自分を信じられなくなっているから「自信がなくなる」のです。

誰かがあなたのことを褒めたら自信が持てますか？

自分の中に幸福感を感じる青い鳥を見つける＝自分に自信を持つこと、にほかなりません。誰かに褒められたり、認められないと幸福感を感じることができない人は、いつまでたっても青い鳥を見つけることができていない状態であることと変わりありません。

「青い鳥」は自分のそばにいる。

まずは自分で自分を信じて癒やすことができる人になりましょう。

他人の言葉に信念や夢がグラグラと揺るがない確固たる信念を持つことは、自分の手元に青い鳥を持つことにもなります。

他人の評価の中に自分の姿を投影することはやめませんか？

人と比べている限りは、どんなにうまくいっても、どんなに成功しても「上には上がいる」ものです。「他人の評価の中に幸福感を持つ人」はいつまでたっても幸せを感じることできないのです。

集客できていないことは確かに残念な事象かもしれません。

しかし、そこにとらわれてしまっていて、本当はもう少しで芽が出る状態まで来ているのに気づかず、その芽を摘み取ってしまう方がいらっしゃるのは本当に残念です。

どこまで自分を信じることができるか、どういう状態であっても自分の中に幸福を感じることができるのかは、教室業に限らず、今後のサバイバル時代を生き抜く1つの知恵になると思います。

そして、「青い鳥」のお話しの続きのように、「手に入れた幸福」はすぐに去って行ってしまうものなのだ、とわかっていれば、その瞬間や出会いを大切にすることもできます。

私の座右の銘は「一期一会」です。

人は出会いと別れを繰り返して、成長していきます。

教室業の先生をやっていれば、たくさんの生徒さんとの出会いと別れも経験します。

執着することがない人生を選択するなら、なおのこと、今、この瞬間を大切にしてほしいのです。今日の延長に平凡な明日がそのまま訪れる保証はどこにもないのです。

未来への不安ばかりに目が行ってしまって、今自分が持っている財産やスキル、大切な人との関係がないがしろになるのは残念なことです。


幸せは自分の心が決めるものです。


今の現状に、幸福感を感じることができていない人は、「本当に今自分は幸せではないのか？」とご自身に問いかけてみてください。

幸福の価値観は千差万別です。人と比べるものではありません。

今の自分を幸せにできない人は、未来の自分も幸せにできません。


だから、置かれた環境で精いっぱい「今一瞬を大切にして生きる」ことが、結果として「幸福感」を手に入れる最短の近道であると、混沌とした時代に生きるあなたへメッセージとしてお伝えしたいことなのです。

第9章

オンライン教室経営マインドの作り方

1 ノウハウジプシーにならない強いマインドを作る

本章では、今までお伝えしてきたような実務的なノウハウというよりは、あなたの心の中に考え方**「マインド」**についてお伝えしていきたいと思います。

なぜ、私が最後の章で「マインド」のお話をするかというと、**マインドがすべての行動の基準を作る核になる**ことを、たくさんのクライアントさんを見てきて実感しているからです。

みなさんが知りたいと思う実務的なノウハウは大切です。ただし、そのノウハウを実践しようとする心がないと、素晴らしいノウハウも活かせず、結果として夢が叶うことなく終わってしまいます。マインドが整わないがために前に進むことができずに、その場に停滞してしまう先生を何人も見てきました。

だからこそ、**ノウハウを実践できる強いマインド**、**ネット全盛時代のコミュニケーションの取り方なども含めた「マインド強化」**のお話をしていきたいと思います。

✲ネガティブな口コミ、コメントに落ち込まない考え方

教室業の先生の全般的な傾向として、**「ネガティブコメントへの恐怖」**を必要以上に感じる方が多い印象です。それは、おそらく自宅教室業の歴史というものが、もともと近所のママ友を教えるようなところからスタートしている文化があるからなのではないかと、個人的には思っています。

もともと女性は、「集団の中での協調性」を意識して動く脳を持っているので、余計に同性の目が気になる方が多いのは仕方ないかもしれません。とにかく、「批判されないように」と、無難に好かれることを中心に活動してきた方が多いのです。

ただ、この考え方だと、**ネット全盛時代においては不都合なことが多発**します。

まず、ネット上の口コミは、良いものはそれなりに拡散されますが、悪い口コミは良い口コミの10倍以上の速度で拡散されます。結果「目立たないように」振る舞ってしまう。すると本当にあなたのサービスを必要としている未来のお客様にも見つけてもらいにくくなります。

では、どのように考えたらいいのか。

1つは、ネガティブなコメントを発信する人は**あなたのお客様にはならないと割り切る**こと。もう1つは、**10人中10人に好かれるのは不可能**ということを知ることです。

✲ネガティブなコメントを発信する人はあなたのお客様にはならない

こちらは、考えてみたらすぐにわかることなのですが、あなたに対してネガティブな批判をするということは、あなたのサービスは100%購入しません。

「あなたが幸せにしたい人」のために活動すればよいだけなので、批判的なコメントをくださる方については華麗にスルーです。もちろん、批判的なコメントの中に、自分の修正点や改善点が入っている場合には素直に受け止めてありがたく改善していきましょう。

しかし、精神的に落ち込んで、何もできなくなってしまうことは避けたいのです。フォーカスするべきポイントは、**「あなたのサービスを待っている人のために動く」**ことです。

自分のSNSで批判的なコメントを見つけてしまうこともあるかもしれません。そんな時にはその悪意を全面的に受け止めるのではなく、**受け流す技量を身につけるのもオンライン全盛の時代には必要不可欠なスキル**になってきますね。

✼10人中10人に好かれるのは不可能

人は潜在的に自分が誰かに必要とされる存在でいたいという遺伝子があるようです。もちろん、私だって、「嫌われるよりは好かれたい」と思います。

それでも、やはり、**10人中10人に、というか、100%誰にでも支持されるサービスなんてこの世に存在しないと思ったほうがいい**です。

誰かにとってのメリットは誰かにとってのデメリットにもなり得るからです。

すべてにおいてパーフェクトという存在であるのは不可能だと知れば、批判もあることも当然という前提で活動すればいいだけなのです。

「出る杭は打たれる」という言葉もありますが、**「出すぎる杭は打たれない」**のです。

ネット社会では、簡単に検索もされるし、匿名で簡単に批判もされます。対面オフラインレッスンで行うよりもその確率は高くなります。

だからこそ、このネット全盛時代には従来よりもマインドを強く持って、**「折れないしなやかな心」を持つことも必要**になってくるのです。

2 ネット全盛時代の個性の見せ方

良くも悪くも**オンライン教室は、ネット検索上では横並びでかんたんに検索できる状態**になっています。ということは、探す側（未来の生徒さん）からすると情報過多&選択困難な状態に陥りやすい状況です。

人は選択に迷うと結局「買わない」という選択肢を取るので、ネット上の比較で予約をいただけるチャンスを失うのはもったいないですよね。

ということは、**「一択で見つけてもらい、比較をされても選ばれる状態」**を作っておく必要があります。こちらではそのポイントについてお伝えしたいと思います。

✿誰に、どのようなメリットを感じてもらえるのか

リアル対面でも、オンラインでも、**最重要項目は「コンセプト」**です。**「誰に何を提供する教室なのか」**が明確にWEBサイトで表現されている必要があります。

この「WEBサイトで表現されている」という点もポイントです。

WEBサイトは2次元の媒体です。だから相手に**文字情報と視覚情報で判断**されてしまいます。

ということは、

- **テキスト＝コピーライティング**
- **写真&動画＝ビジュアルブランディング**

がバランス良く、かつわかりやすく表現されていないとお客様の心に響きません。

WEB上では、「来てみればわかる」という表現から「来なくてもわかる」ように表現する必要があり、最終的には「見たら来たくなる」というところを目指したいものです。

✼テキストと写真の見せ方ポイント

テキスト部分の**最重要ポイントは、トップページバナー**です。その写真とキャッチコピーを見て、その下を読むかどうかを決めると言われています。

短い言葉でお客様にとってのメリットを中心に教室の特徴をお伝えする必要があります。そしてその背景に使う写真もキャッチコピーとマッチする写真を使って視覚的な魅力を高める必要があります。
第一印象は見た目が9割という言葉もあるぐらい、**WEBサイトも第一印象がとても大切**です。今までよりもさらに専門特化した教室としての特徴を見せることと同時に、見た目でわかりやすく伝えていく技術は今まで以上に必要になってくると思っています。オンライン全盛時代だからこそ、オフラインの時代よりも「生々しい情報」や「リアルな人柄」が求められるようになったのは、皮肉なことかもしれませんね。

✻恥ずかしさを捨てて伝わりやすさを優先する

「伝える」という情報量においては、写真や文章よりも**「動画」**の方が、はるかに伝わりやすいです。とはいえ、今まで個人としての動画の発信をしたことがない方にとっては、とてもハードルが高いものに思えることでしょう。

それでも時代が、誰もが普通に動画を扱う時代に突入している状態であるなら、自分の「羞恥心」よりも**「オープンな拡散」**を優先したほうがこれからの時代は有利です。

恥ずかしいのは最初の1歩です。撮っているうちにだんだん慣れてきますので、大丈夫。そのハードルを乗り越える「マインド」もオンライン時代の必要な心構えかもしれません。

3 新時代は「スピードと情報」が決め手

これは、教室業の先生だけに限ったことではないのですが、**「スピード」が遅い方は、それだけで損してしまうケースが多い**のです。

以前、こんなクライアントさんがいらっしゃいました。

その方はもともとスピードがゆっくり目な方だったので、私がみなさんにお願いしているコンセプト設計のスピードが通常3か月ぐらいのところ、マイペースな速度で1年ぐらいかけてコンセプトを作るのにお付き合いしていました。

ところが、そのコンセプトとそっくりな教室がご近所５００ｍぐらいのところにオープンして、立派なＨＰで集客を始めてしまったのです。

こうなると、もうどちらが先かという点はさておき、その時点から発表すると**「真似《まね》をした」**ようにしか思われないので、結局練っていたコンセプトを**全面改定**することになりました。

この時のクライアントさんと私の残念さは、想像に難しくないと思います。

私も、クライアントさんにペースに合わせないで、いつものスピードぐらいになるようにアドバイスすればよかったな、と後悔した案件となりました。

✲ スピードが速いというだけでビジネスは10倍得をする

ビジネスにおいては返信が速いだけで、仕事が評価されることが多いです。

あなたのお客様からのお問い合わせ返信のタイムラグはどれぐらいありますか？

お客様がメッセージを送信してから、すぐに回答をくれる先生と2日経っても返信くれない先生、どちらが信用されるかは、おわかりだと思います。

また仕事ができる方とお仕事を一緒にしたい場合もスピードが速いことがマスト要件になってきます。お仕事ができる方は基本的に時間がない方が多いです。すると当然自分のペースについてきてくれる方とのみ仕事をすることになります。あなたが成長したいのであれば、そういう出会いとチャンスを逃すのはもったいないです。

「スピード」を意識するだけでビジネスは10倍得をするものなのです。

✲ 情報の賞味期限が切れるのも速くなった

オンライン上でお仕事を展開したいと思うなら**「スピード」はとても重要な要素**であるということはお伝えしたとおりです。

それに伴って、**たくさんあふれる情報も「賞味期限」が従来よりも短くなってきている**のです。

具体的な例でお伝えします。

例えば**講座の寿命**です。以前であれば、新しい講座をリリースしてから1年とか2年とかロングランで売れ続けることも多かったのですが、最近では、1つの講座の寿命が6か月とか3か月とかに短縮されてきています。

これは、ネット上での情報の共有化が要因になっている部分もあります。

例えばあなたが素晴らしい講座をつくりそれがヒットしたとします。

それがネット上に情報として掲載されていれば、それをライバルが表面的に真似をするのはそんなに難しいことではありません。逆にあなたが誰かのサービスを参考にする場合もあるでしょう。

このような時代には、**「ロングラン」の商品作りが厳しい**ことを理解して、短期で少しずつ**リニューアルを繰り返しながら商品をブラッシュアップしていくことが必要**になります。

売れている商品はそのままであって欲しい、という期待値はありますが、ここは割り切ってどんどん改良をしていく前提で商品を作るというマインドがあったほうがいいです。**完璧主義者の人は逆に遅れをとってしまうことでの損失のほうが大きい**です。**6割でいいので、市場にリリースする、お客様の声を聴いて改良を重ねる、サービスの寿命を感じたら執着せずに新しい講座の作成に着手**する、このサイクルが速いほどうまく行き続ける可能性が高まります。

✲執着を捨ててチャレンジする精神を持つ

このような時代なので、売れる商品に固執していると、どんどん衰退していってしまいます。流れを感じながら、どんどん変化に適応してチャレンジする、**「臨機応変」**な心持ちがきっとこれからの時代の助けになると思います。

オンラインの時代は特に「スピード」が大切です。

日常生活のリズムの中にスピードを取り入れてみましょう。ただし、プライベートオフタイムはゆったり過ごすという時間を確保するというオンオフのメリハリがある時間管理もあるといいですね。

4 信頼できる相談相手と仲間を持とう

これは、私が会社員時代に教室の先生のご自宅を訪問した際、先生の相談に乗っていた時によく聞いた言葉でした。

【教室業の先生は孤独なのよ】

確かに、一人でビジネスをされている方が多いので、なるほどと思うお話でもありました。仮に一緒に学んだ友人がいたとしても、〝**教室事業に特化した経営の悩み**〟は同じ境遇の仲間に話をしたとしても、思考レベルが一緒だとすると、根本的な改善案が出ない可能性もあります。

また苦しい台所事情を友人に明かすというのも躊躇する部分があるかもしれません。逆に、自分がさらに大きく成長したいと思う時にも、その先の世界を知っている人でない限りは良い回答をもらえない可能性があります。

そういう点でも、**ビジネスを順調に進めていきたいのであれば、自分の成長に合わせたアドバイスをもらえる相談相手を確保することも大切**です。

✼アドバイスをもらう時の心構え

ご自身で信頼できる方を見つけてその方にアドバイスを求めるのであれば、1つ心に止めておいていただきたいことがあります。

それは、**「素直に実践すること」**です。

これが案外できない方が多い。素直に聞く、ということは、「だって」「でも」という言葉は禁句になります。

そして、話を聞いただけでは、現状は何も変化がありません。

「実践」が伴って初めて現場に変化が起こるのです。オンラインの場合、特に玉石混合の情報がネット上にあふれているので、**信頼している方から正しい情報を得て活動するの**がオンライン時代の情報処理の行い方になります。

✼苦しんでいるのはあなただけではない

交流が希薄になりがちなオンライン時代だからこそ、**「仲間」の存在は貴重**です。

ただし、この仲間づくりにもポイントがあります。

選んで欲しいのは、**同じ志を持った前向きに頑張る仲間**です。

依存ではなく成長を糧として頑張れる仲間の存在は、あなたが苦しいと思っている時に「ひとりじゃないんだ」と思わせてくれることもあります。

私はたくさんの先生の相談に個別にお答えしているので、**「案外みなさんの悩みは一緒だな」**と感じているのですが、一人で頑張っている先生は、自分だけこんなことで悩んでいて、と落ち込むこともあるかもしれません。そんな時に仲間の話を聞くと案外みんなも一緒なんだと思えれば、また前向きに進める原動力にもなります。教室業は一人ビジネスになるので、**オンライン時代だからこそ、リアルに近い肌感覚を感じることができる仲間づくり**を考えてみてください。

このコロナ禍の逆恩恵でかんたんに日本全国の仲間と簡単につながることができる環境になっています。私のクライアントさんも全国にいらっしゃいますが、みなさんがどこの県で活動しているのかを忘れてしまうぐらい自然に集い、切《せっ》磋《さ》琢《たく》磨《ま》しながら情報交換をして頑張ってくださっています。

ご自身のマインドを一定のごきげんな状態に保つことができるのは、長期的に見てもとても大切なことであると、成功しているクライアントさんを見ていて改めて感じていることです。

5

自分らしく生きることができる最高の環境とチャンスがやってきた

コインには表と裏があるように、**世の中に起こり得るあらゆる現象にも2面性があります。**ある一方から見ると、それは**「善」**に見えることが、違う角度から見ると**「悪」**にも見えることがあります。**どの視点から見るかによって、現象が変わって見える**ということはよくあることです。

あなたも経験ありませんか？

自分が良かれと思ってしたことが相手にとっては実は迷惑なことだったとか、逆に、相手はあなたのことを思ってしてくれていることが余計なお世話だったとか。

このように**「どの角度の視点から物事を見るか」**が実は大切なポイントになることがあります。

✲ コロナ禍はすべてが悪いことばかりなのか？

コロナ禍は全世界的な厄災であることは間違いありません。

ただ、それが起こってしまった以上、次に考えなくていけないことは**「コロナがなかったら良かったのに」ということではなく、「コロナ禍だからこそやれること、やらなくてはいけないこと」に着目して行動できるかできないかが成否の大きな分かれ目**になります。

実際に、私のクライアントさんは、全員というわけではありませんが、コロナ禍の２０２０年の緊急事態宣言後、すぐにオンラインレッスンにシフトしたことで、過去最高売り上げを上げた方も多数いらっしゃいます。

この時に、「すぐにまた対面レッスンができるようになるかもしれないし、そうしたらZoomとか覚えるの大変だし、今はいいかな」という先生が、２０２０年の後半苦戦していました。

大きな流れを見たら、オンラインレッスンを取り入れるのは必須要項になるのは明らかでした。それを感じ取れたかどうかが大きな分かれ目になったのです。

【ピンチをチャンスにする】それができた人とできなかった人で明暗が分かれました。

失ったもの（対面レッスン）への執着が、新しいチャレンジ（オンラインレッスン）の妨げになった方も多数いらっしゃいました。

時代の大きな流れとうねりが到来している時には、ただ、流されるのではなく、次世代を見極めながら**速やかに軽やかに波に乗るマインドが必要**になります。
有事の時ほど、**変化対応に富んだ視点が必要**で、かつそれを苦難に思わない気持ちがあれば大抵のことは乗り越えられます。

✲ 急速に進んだオンラインの恩恵

本来、ネット関係には疎い教室業界においては、**「オンラインレッスン」**の環境は先生にも、生徒さんにも浸透しにくい仕組みであったはずなのです。

なぜなら、教室の先生は比較的パソコンが苦手な人が多い業種だからです。

それが、２０２０年一気に加速して仕組みが浸透していきました。先生が苦手であったにしてもお子様の授業もオンライン化することでどのように操作したらいいのかを家族で聞く環境もできていたので、あっという間に、各家庭にオンラインの環境が広がったのです。インフラが整ったところにサービスを提供するのは簡単です。新しいサービスを提供する時に一番大変な基盤作りは「仕組みの整備」だからです。

それが整っているなら、**あとはやるだけ、という好都合な環境**がすでに用意されているのです。

✲チャレンジするには最高の環境が整っている

冒頭、私はこんなことをお伝えしました。
その内容を今一度、お伝えさせていただきます。

・40代女性がいま、オンラインで開業するべき3つの理由

コロナ禍の中、会社で勤める女性に「フク業・起業」をおススメする3つの理由があります。

（1）ノーリスク起業が可能
（2）フク業から始められる
（3）パソコンスキルをそのまま生かせる

以上の3つです。

いまだかつてない厄災は、いまだかつてない大きなチャンスをあなたに運んできてくれました。**ノーリスクで「フク業」を始められるチャンス**です。

私は10年以上前、42歳の時に会社員から独立開業の道を選びました。この時は社会的な背景があったわけではなく、自分が人生のターニングポイントとして選び決めただけでしたけれど。

もしもあなたが**一度きりの後悔しない人生を送りたいと思っているのなら、今、動かないのはもったいない**と思います。なぜなら時代の後押しがあるからです。

もちろん、みなさんが独立したからといって全員が１００％うまくいく保証があるわけではありません。

それでも、やらない後悔よりは、やって後悔するほうが、１００倍価値ある人生の生き方だと思うのは私だけでしょうか?

ピンチをピンチで終わらせるのか、それをチャンスに変えるのか、はすべてあなた次第です。

もしも、少しでもチャレンジしてみたいと思う気持ちがあるなら、私はそんなあなたの気持ちの後押しをしたいと思います。

今、私は自分で選んだ人生を、とても充実して生きています。

だから、そんな経験をあなたにもして欲しいと心から願っています。

おわりに

幸福度は自分の心で決まる～どんな時代でもしなやかに生き抜く力を～

私がこの本を書くきっかけとなったのは、２０２０年のコロナ禍であったのは間違いありません。

ただ、それ以前から、天変地異は続いており、毎年のように「史上最高の記録更新」という言葉はニュースで報道されていました。

地震・豪雨・台風など自然環境に「不変」というものはなく、いつどこにいても、自分がどんな環境に遭遇するのか予測不能な時代になりました。

このような時代において、身につけないといけない力は、**【どのような環境になっても、立ち上がれる力】**だと私は、考えています。

✲昨日の続きに今日があるわけではない

自然災害やコロナのような厄災を考えた時に、**「今日と同じ明日が普通に訪れるわけで**

はない」ということを前提に動くことが、そのダメージを最小限に抑えることができると考えています。

例えば、私はコロナが流行する4年前以上前から私のクライアントさんに「オンライン化」を推奨していました。

そして、今回のコロナ禍において、その方々は、すぐに対面からオンラインレッスンにシフトすることで売り上げを落とすこともなく、対応することができました。

私はみなさんに将来の予測値として以前から「オンライン化を進めたほうがいい」というアドバイスをしていましたが、「今忙しい」とか「今は対面レッスンで普通に過ごせているから」、「パソコン覚えるのは苦手だから」という理由でチャレンジしなかった方は、結局、のちの緊急時に結局そのスキルを身につけなくてはいけない事態になったのです。

だから、**今必要だと思うことは、苦手意識で動かないよりもチャレンジしてみることが結果としてダメージを最小限に食い止める**ことになるのです。

✿ 何が起こっても不思議ではない時代に必要なリスク分散化

私はもともと、**「いつでもどこでも、好きな人に会い、好きな場所に行く」**ということを実現するために、いつでも自分の仕事の環境をどうしたらいいのかを考えながら仕事を選択してきました。

例えば、現在の職業は教室経営のコンサルタントですが、ネットがつながる環境であれば、日本のみならず世界中のどこでも仕事ができます。ネットがつながらない環境であって自分の脳が動く状態なら、道具がいらない対面のカウンセリング、コンサルティングなら可能です。それは、私は「コンサルタント」という職業を選んでいるからです。

もちろん、この働き方をすべての教室の先生ができるとは思っていません。

ただ、自分自身の可能性の選択肢を広げるというイメージで**「これからの教室業のあり方」**という視点の私のお話を参考にしていただければと思います。

✼天変地異や予想外の出来事に強い事業の作り方

これは、すでに教室を運営している先生にも、これからオンラインで教室事業を始めたい方のどちらにも共通する考え方としてお伝えしたいと思います。

私がお伝えしたいポイントは以下の3つです。

① オンライン化を進めておく
② 業界の異なる事業を2つ、3つ持っておく
③ 複数の拠点で仕事ができる環境を作っておく

という3点です。

①の**オンライン化**については、本書でお伝えしてきたようにコロナ禍を経験した2020年以降の世界は、2020年以前の世界には戻りません。新しい世界を生き抜く1つのスキルとして身につけておく必要があります。

②の**複数事業**は今すぐでなくてもいいので、頭の片隅でもいいので意識して作っておきたいものです。世の中の景気は「業界単位」で好景気になったり、不景気になったりします。陰陽のバランスに似ていますね。コロナ禍だからといってすべての業種業態がダメになったのではなく、この事態によって新しく生まれたサービスも数多く存在します。

必要なのは、臨機応変に事態に対応する柔軟性です。それを推進するうえでも普段から他業界の動きも見ておいて、自分はその領域でサービスを構築できるかを普段から考えておくと有事にすばやく切り替えることもできますね。

③の**複数の拠点でのお仕事**については以前の教室業では難しいとされていることでしたが、オンラインが進んだ今の世の中であれば、場所にとらわれず仕事をすることができるようになりました。都会に住んでいるのか、地方に住んでいるのかは別として「その場所で仕事ができなかったら、どこで仕事ができるか？　したいのか？」を考えておくとこの移動もスムーズにシフトできるかもしれません。

いかがでしょうか？

この3つのことを考えるだけでも少しは気持ちの備えとして気が楽になりませんか？

✲ それでも最後に伝えたい一番大切なこと

前述で実務的に対応できる3つのお話をさせていただきましたが、その原動力になる根幹になる部分についてお話をしたいと思います。

時代の荒波を乗り越えるために一番大切なことは

【どのような状態であっても活路を見つけて、しなやかに生き抜く力】

であるとお伝えしたいと思います。

前述の備えをしても、それでもまだまだ想定外のことは起こりうるかもしれません。そうなるといくら予測をして備えをしても対応しきれないことが多いでしょう。

そのような事態になった時には、「もうそれ自体を受け入れる、そしてそこからどうするかを考えて動く」、そんな**たくましいバイタリティが必要とされる時代に突入**しました。

そうなのです、もう起こったことは受け入れるしかないのです。

前の時代は良かったと、過去を懐かしんでもその過去は戻ってこない。

だとすると**未来に向かって動くしかない。**その時には手元にあったものを**破壊してまた再構築**して進まないといけない時もあるでしょう。

それでも自分自身の心も柔軟に変容させながら「**生き抜く**」。それがマインドとして必要とされる時代に変化したのだと強く実感しています。

✼心のままにシンプルに生きてみる

この時代は、**何が起こっても不思議ではない時代**です。

あなたが、夢をいつかは叶えたいと思って日々を過ごしていても、叶えられる環境も刻一刻と変わってしまうかもしれません。

あなたはもしかしたら、「〇〇がそろったら」とか「貯金が貯まったら」とか、いろいろなチャレンジするための前提条件を考えているかもしれません。

でも、もしもその前提条件そのものが、時代が変わることで無価値になったとしたらどうしますか？

現在のように気軽に海外旅行に行けなくなる未来を過去のあなたは想像できましたか？

だとしたら、今は何を指針にしたらよいのでしょうか？

その答えは1つです。

【あなたの心のままにシンプルに欲求にしたがってみる】こと。

そもそも、いつ環境が変わるかもしれないなら「今」の状態で決めるしかないのです。

「やらない後悔よりもやってみた経験」。それだけでもあなたを取りまく世界は、大きく変わります。

オンライン全盛時代。

フク業から始めるノーリスク起業。

最高のタイミングです。どのみちスタートはあくまでもスタートであって、ゴールではありません。起業したからといって、成功が保証されているかというと、決してそうではありません。

それでも、大きな投資もなく起業スタートができて、会社にも副業を解禁される風潮が出てきたこの時代こそ、今までチャレンジを諦めてきた人にとってチャレンジできる最高のタイミングなのではないでしょうか?

「フク業」を「福業」にするかどうかはすべてあなたの心しだい。

だから、「まずは1歩を歩き出したい」、そんなみなさんのチャレンジにエールを送るために書いた本です。

ぜひこの本を小脇に抱えて、軽やかに時代の波を泳ぎ切るあなたでいてほしいと心から願っています。

【フク業から始まる幸福業への冒険のはじまり】をあなたへ

2021年9月

飛常識な経営コンサルタント　高橋貴子

Special Thanks

本書を出版するにあたり、たくさんの方々に支えていただきました。

私の師匠でもあり、コンサルタントでもある株式会社ネット１１０　経営コンサルタントの平賀正彦先生と株式会社アームズ・エディション　コンサルタントの菅谷信一先生。

私の思いを表現できるように編集くださった、産業能率大学出版部　坂本清隆様。出版のきっかけを作ってくださった、書籍コーディネーターの有限会社インプルーブ小山睦男様。本書の出版を楽しいに待っていてくださった、私のオンラインサロンのメンバーの皆様。

おかげさまで、新時代を軽やかに乗り切る「オンライン自宅教室起業バイブル」を出版することができました。

心からの感謝を込めて、お礼申し上げます。

最後まで応援くださり本当にありがとうございました。みなさまのこれからの未来を作る新時代の起業バイブルをお手に取って、夢を叶えていただければ幸いです。

“飛常識”な経営コンサルタント　高橋貴子

応援くださったサロンメンバーのみなさま（敬称略）

西脇智子、久保田ともみ、椿留美子、とくもとさとこ、手塚郁実、
大浦沙智子、高橋教子、大下香織、まえかわなおこ、三村佳代、大西涼子、
河田若葉、中島薫、備瀬みのり、向井佳代、おおきもとようこ、渡邊優子、
金谷利香、間博子、安藤梨鈴、重藤尚子、岡尚子、村木京子、木村麻衣子

Profile

高橋貴子

株式会社LibraCreation　代表取締役
“飛常識”な経営コンサルタント

2011年から神奈川県横浜市で、7つの天然酵母を楽しむパン教室「アトリエリブラ」を主宰。他にはないオリジナルなコースで全国から生徒さんが通う満席続きの人気パン教室となる。前職はツアープランナー、インテリアコーディネーター、ブライダルバンケットプロデューサーなどを経験し、事業部長も務めた営業22年のビジネスキャリアを持つ異色の職歴を持つ。

パン教室運営の傍ら、自信の電子書籍のレシピ本をきっかけに、電子書籍の出版コンサルタントとしても事業を展開。ビジネスに活用する電子書籍出版を指導する。

その後、パン教室ネット集客の運営実践データーを元に、さまざまなジャンルの自宅教室開業・集客のコンサルティング業務を開始。

2015年に教室起業アカデミーとなる「Living起業アカデミー」を開講。

2016年に株式会社LibraCreationを設立。

女性の自立と自宅教室開業を支援する。自由な思考で未来を創るビジネスマインドを伝える「“飛常識”な経営コンサルタント」である。

【著書】
2017年12月　趣味から卒業！しっかり稼げる自宅教室の開業・集客バイブル（合同フォレスト）
2019年04月　黒字へ飛躍！もっと稼げる自宅教室の集客・成約バイブル（合同フォレスト）

■株式会社LibraCreation　http://libra-creation.co.jp/
■高橋貴子Official website　https://c-libra.jp/
■教室集客オンラインアカデミー　https://libra-online.com/
■無料相談受付：高橋貴子　LINE公式アカウント@takako555

書籍コーディネート：(有) インプルーブ　小山　睦男

3フク業を実現！40歳から始める新時代のオンライン起業法
オンライン自宅教室起業バイブル　〈検印廃止〉

著　者　高橋　貴子
発行者　坂本　清隆
発行所　産業能率大学出版部
東京都世田谷区等々力6-39-15　〒158-8630
(電話) 03 (6432) 2536
(FAX) 03 (6432) 2537
(URL) https://www.sannopub.co.jp/
(振替口座) 00100-2-112912

2021年9月30日　初版1刷発行

印刷所・制本所　日経印刷

(落丁・乱丁はお取り替えいたします)　ISBN 978-4-382-15807-8